La frontera indómita

En torno a la construcción y defensa del espacio poético

~

ESPACIOS PARA LA LECTURA

Primera edición: 1999
   Segunda reimpresión: 2001

Coordinación de la colección: Daniel Goldin
Diseño: Joaquín Sierra Escalante
Ilustración de portada: Mauricio Gómez Morin

D.R.© 1999 FONDO DE CULTURA ECONOMICA
Carr. Picacho-Ajusco 227, Col. Bosques del Pedregal
14200, México, D.F.
www.fce.com.mx

ISBN 968-16-5972-4

Impreso en México

La frontera indómita

En torno a la construcción y defensa del espacio poético

~

Graciela Montes

FONDO DE CULTURA
ECONÓMICA

~

Como fuente primaria de información, instrumento básico de comunicación y herramienta indispensable para participar socialmente o construir subjetividades, la palabra escrita ocupa un papel central en el mundo contemporáneo. Sin embargo, la reflexión sobre la lectura y escritura generalmente está reservada al ámbito de la didáctica o de la investigación universitaria.

La colección **Espacios para la lectura** quiere tender un puente entre el campo pedagógico y la investigación multidisciplinaria actual en materia de cultura escrita, para que maestros y otros profesionales dedicados a la formación de lectores perciban las imbricaciones de su tarea en el tejido social y, simultáneamente, para que los investigadores se acerquen a campos relacionados con el suyo desde otra perspectiva.

Pero –en congruencia con el planteamiento de la centralidad que ocupa la palabra escrita en nuestra cultura– también pretende abrir un espacio en donde el público en general pueda acercarse a las cuestiones relacionadas con la lectura, la escritura y la formación de usuarios activos de la lengua escrita.

Espacios para la lectura es pues un lugar de confluencia –de distintos intereses y perspectivas– y un espacio para hacer públicas realidades que no deben permanecer sólo en el interés de unos cuantos. Es, también, una apuesta abierta en favor de la palabra.

LIMINAR

Al menos dos constantes atraviesan la obra de Graciela Montes. La primera es la clara conciencia de que la infancia es, más que un periodo biológico, un estadio determinado culturalmente. La segunda es el papel central que juega en la cultura –en el sentido amplio de la palabra– la dicotomía fantasía/realidad, entendida como la oposición entre dos conceptos que, socialmente utilizados, posibilitan o inhiben determinadas experiencias.

Creo conveniente resaltar que son dos cuestiones diferentes, que se entrelazan de múltiples y complejas formas, y que la dicotomía fantasía/realidad es esencial en la vida adulta, aunque la querella entre los defensores de la realidad y los defensores de la fantasía ha tenido la mayor relevancia en el decir y obrar de los pedagogos, como la propia Montes lo ha mostrado.

En "El corral de la infancia", un ensayo fundacional publicado originalmente en 1989, Montes hace referencia al olvido en que la cultura occidental ha tenido a la infancia, que, según muchos historiadores, sólo comenzó a ser objeto de su atención a fines del siglo XVIII. También advierte que a partir de este *descubrimiento* tardío de la infancia se pasó de un trato indiscriminado a uno especializado, y cómo en ese momento el discurso pedagógico se hizo cargo de condenar la mentira, la superstición y la fantasía para desterrarlas del mundo infantil. En esa época nació propiamente la literatura para niños, inicialmente un arte supeditado a la voluntad didáctica o moralizante de los adultos.

Tanto la literatura científica sobre la infancia como la propia literatura para los niños se han transformado radicalmente desde ese entonces. Para empezar se ha comprendido el papel decisivo que tiene la infancia en la edad adulta. También se ha descubierto que el niño, lejos de ser un ser que no razona, es un sujeto poderosamente impulsado al conocimiento y a la construcción de sistemas racionales no percibidos como tales por la cerrazón adulta. En pocas palabras, la infancia es cada vez más una etapa valiosa y valorada por sí misma. Es significativo y no meramente fortuito que contamos con una Declaración de derechos de los niños (¡aunque reconocida en la Declaración universal de los derechos humanos sólo a partir de 1959!). Pero no podemos olvidar que es, más que una realidad cumplida, un pliego de buenas intenciones, y que –como ha dicho la propia Montes– seguimos a la espera de una confrontación serena de la imagen oficial que se tiene de la infancia con las relaciones objetivas que se proponen a los niños. Creo que ésta nunca se podrá lograr sin transformar la situación comunicativa que rige los intercambios niño/adulto. Y ésa es una de las funciones fundamentales de la literatura para niños. Así lo han visto muchos de sus mejores autores contemporáneos, desde luego también Graciela.

Todos ellos han enfrentado el reto de tomar al niño como un interlocutor y no sólo como una masa siempre dispuesta a ser moldeada. Al asumir su arte como literatura (es decir como una construcción de sentido regida por sus propias reglas), al abrirse a nuevos temas y lenguajes, pero sobre todo al plantearle a los menores nuevos y más profundos problemas como lectores, estos escritores no sólo reflejan los cambios de la situación social de los niños, también contribuyen a cambiar la función que la lectura ocupa en la infancia.

Los ensayos que componen *La frontera indómita* exploran de nueva cuenta el campo que conforma el entrecruzamiento de las dos constantes a las que aludí en un principio. Giran en torno a la construcción del espacio poético; un espacio que media entre el mundo interior y el mundo exterior, o, dicho de otra forma, entre el individuo y el mundo. Un espacio en continua construcción, de fronteras maleables, en el que Montes, siguiendo a Winnicott, percibe las regiones más vitalmente importantes de la experiencia humana, aquellas en que los hombres experimentamos vivir. Es desde ese lugar de donde surge la experiencia creativa de los artistas, pero sobre todo es ese espacio el que permite a cada uno de nosotros convertir la cultura en experiencia y no en un cementerio de saberes socialmente necesarios o prestigiosos. De ahí la importancia que le da Montes, y la fuerza con que combate por su defensa en el terreno educativo, especialmente en áreas en las que superficialmente se acerca a los niños a la cultura, y en realidad se les priva de un acercamiento vital a la más significativa expresión de la condición humana.

Con lucidez, frescura, humor y claridad conceptual, Montes explora en estos ensayos qué se pone en juego en el espacio poético, y las formas en que la propia educación, especialmente aquella educación que llamamos cultural, puede posibilitar o limitar su crecimiento. Creo que la más clara muestra de cómo se construye, habita y defiende ese espacio, la da la propia Montes al entrelazar con un arte, que sólo puedo calificar como el arte de vivir, referencias literarias y científicas con vivencias personales.

DANIEL GOLDIN

~

Prólogo

Han quedado reunidas en este libro algunas conferencias e intervenciones en mesas redondas de los últimos años: la más vieja es del 1991, la más reciente del 1998. Fueron escuchadas por maestros, bibliotecarios, escritores, psicoanalistas, estudiantes y otras personas interesadas por la cultura y por los niños. Muchas de ellas me hicieron saber luego que les había sido muy útil escucharlas. Eso le da algún sentido a este libro que, si existe, es gracias a la insistencia de un excelente editor y un buen amigo: Daniel Goldin.

Al volver a leer lo ya dicho noto que las obsesiones son unas pocas y siempre las mismas, y que muchas –la mayoría– tienen que ver con el espacio, y con lo contrario: la falta de espacio, el acorralamiento, que también aparecía como imagen fundante de un libro mío anterior: *El corral de la infancia*. Esta vez preferí un título más rebelde: *La frontera indómita*, un concepto que, para alegría mía, ha servido como bandera a los que defienden el territorio de la literatura y el arte dentro del ámbito de la educación en estos últimos años.

Corregí algunos pasajes (no todos los que habría deseado) y eliminé otros, cambié de ejemplos cuando lo creí necesario: ya se sabe que al escritor no se le puede pedir que se relea, porque necesariamente va a reescribirse. Pero mantuve el tono de oralidad, y hasta de arenga de a ratos, de los textos. Cuando me pareció útil introduje algunas notas, por lo general para recomendar un libro o aclarar algún concepto, a veces para dejar planteado lo no resuelto.

11

Las cuestiones que se tratan aquí, aunque abordadas de manera doméstica y modesta, son cuestiones importantes y significativas. Es mi deseo que este gesto de ponerlas así, con sencillez, sobre la mesa, anime a los lectores para asumirlas como lo que de veras son: cuestiones personales.

GRACIELA MONTES

Juguemos en el bosque
mientras el lobo no está

Scherezada o la construcción de la libertad

Hace 20 años creía que eran muchas las cosas que debía decir, hoy pienso que lo que quiero decir no es tanto. Hace 20 años creía saber más –mucho más que ahora–, y mis opiniones eran más contundentes. También tenía mucha más confianza en poder comunicar mi pensamiento. Como se verá, era algo ingenua. Hoy no tengo esa confianza. He terminado por darme cuenta de que todo lo que me rodea es complejo, cambiante, equívoco e inasible, que está construido en capas y más capas y que siempre queda alguna otra capa por debajo, algo sorprendente que me obligará a replantearme todo a cada paso, y que la vida no me alcanzará para explorar sino unos pocos trozos. Tampoco doy ya por descontada la comunicación, como hacía antes. Más aún: hoy, en un mundo saturado como éste en el que vivimos, con tan poco silencio, atosigado de mensajes, la comunicación entre dos humanos me parece un milagro. A veces, sólo a veces, se abre una fisura, una grieta, y algo de lo que uno dice puede pasar a formar parte genuina de las preocupaciones de otro.

En ese sentido, los que, por razones diversas, nos hemos quedado cerca de la infancia y no la hemos clausurado corremos con alguna ventaja. La comunicación se vuelve algo más fácil puesto que las grandes cuestiones son las que nos planteábamos a los cuatro, a los cinco, a los seis años, y los paisajes de infancia de las distintas personas, aunque variados, se parecen siempre un poco. Los asuntos con que nos topamos los humanos al entrar a la vida no son tantos: el amor y el desamor, el tiempo, el cambio, la soledad, la compañía, el absurdo, la injusticia, la extraordinaria variedad y riqueza del mundo y la búsqueda de señales para encontrar en él algún sitio. Cuando uno habla desde la propia infancia a la infancia de otros tiene algunas posibilidades más de que se produzca la grieta. Por eso decía que corro con ventaja.

Una de esas cuestiones viejas, nunca jamás saldadas, siempre abiertas y calientes, es la que tiene que ver con los cuentos. Y con la ficción en general. Con cómo se va construyendo el territorio del imaginario. Con la extraña manera en que de pronto, en medio de la vida cotidiana y sus contundencias, se levantan las ilusiones de un cuento. Y con el modo en que nos entregamos a él y resolvemos habitarlo, a pesar de ser una construcción tan precaria, suspendida en la nada, hecha de nada y, además, para nada. También con las razones que me han llevado a creer que se gana en libertad con la mudanza.

Me pareció prudente poner estas reflexiones bajo la protección de Scherezada. Como todos sabemos, Scherezada logró, a fuerza de cuentos, demorar su muerte durante mil y una noches y luego, como consecuencia de esa demora, demorarla aún más, *sine die*, es decir, sin día de plazo fijo, con plazo azaroso, que es la mejor moratoria que, hasta ahora, hemos conseguido los humanos en el banco del destino. El personaje de Scherezada, la contadora, la que fabrica, con sabiduría y paciencia, una red de resistencia contra la ferocidad —y la tremenda falta de humor, además— del rey Schariar, la que, a pura palabra, impide que el alfanje caiga en su nuca y la degüelle, como antes a cada una de las pobres esposas por un día de ese revanchista implacable, me agrada mucho. Y creo también que me ilumina.

Una vez bajo la protección de Scherezada podría haber empezado a reflexionar a partir de Aristóteles. Eso le daría

16

algún prestigio a mis dichos. En realidad estuve dudando un buen rato entre Aristóteles y mi abuela, y me quedé con mi abuela. Tal vez hace 20 años me habría quedado con Aristóteles. Hoy por esa decantación de las aguas de que hablaba antes, todo lo que luego, con el correr del tiempo, fui leyendo en torno a la ficción, y en general en torno al espacio poético, más mi propia práctica como artesana de lo poético, aparece formando parte de un cauce muy antiguo, que se fue cavando en el paisaje más viejo de todos mis paisajes y por acción, en buena medida, ya se verá, de mi abuela: María Chan. Inédita. Una muy personal, privada e íntima bibliografía.

La pregunta era: ¿cómo se empezó a construir ese territorio donde están, se mezclan, se aparean, se prestan jugos, las historias que me contaron, las que yo, a mi vez, cuento, las que he leído, y hasta las que me tengo prometido leer cuanto antes; construcciones todas levantadas en el vacío, puras y perfectas ilusiones? ¿De qué está hecho ese país en el que tengo mis amigos, mis aliados, mis enamorados, muchos de ellos muertos hace siglos o nacidos y criados en geografías remotas, y al que busco ingresar cuando, a mi vez, escribo mis ficciones? ¿Cómo empezó todo este asunto?

No se trató de una única escena, por cierto, sino de muchas escenas que, superpuestas, terminaron dibujando un recuerdo. Sentada en el patio a veces, otras veces en mi cuarto, o en la cocina, de mi casa en Florida, un barrio suburbano de Buenos Aires, a los cuatro, a los cinco, a los seis años, escuchaba a mi abuela contar la historia del burro que en lugar de heces, como cualquier burro contante y sonante, fabricaba oro.

La historia —al menos en la versión popular que recordaba mi abuela y que procedía, es de suponer, de Galicia, como su familia, aunque podía ser también que de algún otro lado porque la ciudad era en los años de la infancia de mi abuela un hervidero de inmigrantes– empezaba con un hombre muy pobre, pero muy pobre (a veces yo quería saber hasta qué punto era pobre el hombre ese, si tenía casa o no, si la casa tenía o no ventanas, si comía o no comía, si tenía zapatos), que de pronto, por esas vueltas que tiene la vida, daba con este burro milagroso. Había, además, algunas palabras mágicas (mi abuela no había leído a Propp, como cualquiera se puede imaginar, pero podía ejercer con todo desparpajo cualquiera de las funciones). No recuerdo bien cómo descubría las palabras mágicas el hombre este, pero sí recuerdo muy bien cuáles eran y que yo, aunque me las sabía de memoria desde hacía tiempo, esperaba con mucha ansiedad que aparecieran. "Asnín, caga azuquín", ésas eran. Y el burro, entonces, arrojaba por el trasero montones de monedas de oro, con las que el pobre dejaba de ser pobre instantáneamente, y hasta podía comenzar a ser generoso.

Pero la segunda parte del cuento era la verdaderamente emocionante porque ahí todo cobraba sentido. Había un otro –el antagonista, el villano–, y ese otro no era pobre sino rico, tan rico como pobre era el pobre (a veces yo preguntaba cómo de rico, si con ropas de terciopelo, relojes y cadenas de plata). El otro, claro está, codiciaba el burro. Y entonces lo robó, porque no estaba acostumbrado a privarse de nada de lo que deseaba en este mundo. Y robó también la fórmula mágica, con lo que llegaba a ese punto del cuento muy bien provisto, teniéndolo todo para ser aún más rico de lo que había sido hasta entonces. Pero quedaba aún un recodo, una última vuelta en esa historia: al solemne y esperanzado "asnín, caga azuquín" del nuevo dueño, el burro respondía con un brusco regreso a la naturaleza, y de su trasero no salían monedas de oro sino lo que sale del trasero de cualquier burro que no es de cuento. El pico de la felicidad estaba para mí un momento antes del desenlace, un momento antes del instante en que el inocente y justiciero burro enchastraba la alfombra de seda y brocado que había tendido el codicioso a sus pies, con grandes cantidades de desprejuiciadas heces malolientes.

No era el único cuento, por supuesto, pero era uno de mis favoritos. Lo debo de haber pedido y escuchado cientos de veces entre los cinco y los siete años. Estaba para mí cargado de audacia. En primer lugar de audacia en el imaginario, porque, con palabras nada más, con aire que salía de la boca de mi abuela, se construía algo inesperado, algo que no formaba parte del mundo de las cosas naturales (y hasta un burro que violaba las reglas fisiológicas). En segundo lugar tenía grandes cantidades de audacia social, hasta de rebeldía, porque mi abuela, que no me permitía a mí decir palabras inconvenientes, incluía en el cuento una fórmula mágica llena de picardía: "Asnín, caga azuquín". Eso me llevaba a pensar que, en el territorio ese que habitábamos por un rato las dos, nuestros vínculos eran otros y eran otras las reglas. Me parecía, además, que había en el cuento una valentía ética, porque, con arrojo y sin mezquindades, se llevaba la justicia hasta sus últimas consecuencias (que es lo que uno espera que suceda cuando tiene cinco, seis, siete años).

Por otra parte, el hecho de que mi abuela y yo compartiésemos esa excursión aventurera del cuento creaba un lazo nuevo entre nosotras. Yo valoraba –valoro– mucho ese lazo, que considero inaugural a todos los que he formado a lo largo de mi vida con escritores que he leído, con lectores con quienes compartí lecturas y con lectores que han leído mis escrituras. Formábamos parte de una cofradía, éramos habitantes de un mismo territorio al que podíamos entrar y del que podíamos salir tantas veces como quisiésemos. Podíamos aludir a él en determinadas circunstancias, hacer bromas secretas al respecto, y con una mirada nomás ya sabía-

19

mos lo que sentía cada una de nosotras en cada recodo del cuento.[1]

Por la deformación de los recuerdos, supongo, se me hace que esos momentos fueron muy largos. Como si la duración del cuento estuviese hecha de otra materia. Por lo general sucedía en el final de la tarde, después de tomar la leche y antes de empezar a preparar la cena. De esos momentos, que no tengo por qué pensar que estuviesen hechos de otra sustancia que de los minutos y las horas que miden habitualmente nuestros relojes, tengo un recuerdo más lento, como si cavasen un espacio diferente. No es el recuerdo de la actividad diaria, de ir y venir de la escuela, comer, pasear, hacer los deberes. Es *más* tiempo. O un tiempo más denso. O más hondo. Un tiempo de otro orden.

¿De qué estaba hecha esa felicidad impalpable?

A veces me digo que si pudiese entender de qué estaba hecha lo entendería todo, hasta el sentido de la vida. Pero por el momento no he podido sino olfatearla, y adivinarle dos o tres ingredientes.

Estaba hecha de gratuidad, sin duda. Eso primero.

Mi abuela me tenía acostumbrada al regalo del tiempo, a la gratuidad. Incluso mucho antes del cuento del asno solía jugar conmigo una especie de historia muda que hacía con un piolín anudado. Lo extendía así, circular, como había quedado entre las dos manos, como marcando el espacio en

---

[1] De lo que no era yo consciente en ese entonces es de lo que soy consciente ahora: que mi abuela y yo, por el solo hecho de contar y escuchar contar ese cuento, entrábamos a formar parte de un territorio mucho más vasto, en el que habitaban, además de mi abuela, cientos de miles de narradores orales de los lugares más remotos. Muchos años después me topé con otras dos versiones del mismo cuento: una italiana, que es la que recoge Ítalo Calvino en sus *Fiabe* (Einaudi-Mondadori, 1956), con su "Ari-ari, ciucco mio, butta danari", y la otra americana, muy criolla, de Famatina, La Rioja, recogida por Berta Vidal de Battini en su gigantesca recopilación *Cuentos y leyendas populares de la Argentina* (ECA., 1980). Otra variante, mucho más vieja, tuvo que haber inspirado a su vez a Charles Perrault en el siglo XVII, ya que en "Piel de asno" se da cuenta de ciertos asombrosos sucesos *post-mortem* del mismo burro.

donde iba a suceder todo, y con los dedos tejía una cuna. Yo iba aprendiendo a quitarle el hilo y a cambiar el dibujo: de la cuna al catre, a las vías del ferrocarril, a la estrella. No había una historia propiamente dicha detrás, sólo las fantasías que despertaban en mí las palabras "cuna", "catre", "vías", "estrella". Bien hecho, por otra parte, el juego no terminaba sino que volvía a la cuna, el catre, y así siempre, recomenzando, como la vida. Ese juego del hilo, como luego la grandísima donación de cuentos y de lectura (porque, cuando aparecieron los libros en mi vida, mi abuela empezó a alternar cuentos orales con cuentos leídos), era completamente gratis. No se me pedía nada a cambio. Una excursión, nada más, al imaginario. Un ir y volver hacia y desde un otro orden.

Sin embargo, había algo más, yo percibía. Había, además de la gratuidad, una especie de poderío. Algo me decía que, si el cuento era gratis, no era sólo porque mi abuela era buena y me quería y entonces me donaba el tiempo sino, además, porque ella misma obtenía alguna felicidad de las excursiones imaginarias que hacíamos. Era algo que yo derivaba de comparar su situación de narradora con su situación de vida regular. Mi abuela no me parecía un ser especialmente feliz en otros momentos. Es más: yo *sabía* (de ese modo misterioso en que los niños saben las cosas) que no era feliz, que muchas veces sufría. En el cuerpo y en el alma. Mientras ella me contaba, yo, desde el banquito bajo en el que me sentaba, podía verle las piernas vendadas por las úlceras siempre abiertas que tenía, y el cuerpo inmenso, difícil de arrastrar, porque mi abuela era muy gorda y de un andar muy torpe. La había visto apoyada en el pilar de la puerta de entrada, aterrada porque alguien no llegaba. La había visto haciendo solitarios con los naipes para forzar un cambio de la suerte. La había visto llorar en la cocina mientras dos de sus hijos se peleaban a gritos en el patio. Pero, mientras contaba, cuando me tenía ahí, pendiente de sus palabras, era

21

otra persona. Mucho más libre y más vigorosa, de eso no cabía duda. Se estaba conquistando otro espacio, un espacio en el que podía ser ágil, feliz, y también justiciera, como el burro. Y el poderío derivaba, me parece, del hecho de que ella misma, ella personalmente, estaba haciendo acontecer ese cuento. Ella misma inauguraba ese otro espacio y se otorgaba, y me otorgaba, la posibilidad de habitarlo. Era la constructora o reconstructora (es igual) de un viejo cuento. Lo que me ofrecía habitar era ficción, es decir, construcción en el vacío.

Aquí es cuando puede venir Aristóteles a ayudar un poco a mi abuela con su venerable y nunca suficientemente absorbido concepto de poesía (o arte en general) como artificio, es decir como construcción, en la que se obliga (o se convence) a ciertos elementos naturales −el mármol de las canteras, el aire que sale de la boca− a comportarse de acuerdo con un plan diferente. El plan del artista, que no es un plan natural sino *poético*, es decir de otro orden. Eso que sucedía entre las dos era una construcción imaginaria en la que ella, mi abuela, ponía el artificio, la sabiduría del artesano de cuentos, y yo ponía lo que Coleridge le pedía al lector o al escuchador de cuentos, "that willing suspension of disbelief", la deliberada −consentida, gustosa− suspensión de la incredulidad.[2] La aceptación, la entrega. Era una especie de pacto. Entre las dos permitíamos que la ficción existiese y ganábamos en horizontes.

Sin embargo, había algo más. No creo que hubiera yo gozado tanto de los cuentos, no creo que hubiese insistido tanto

---

[2] En el capítulo 14 de su *Biographia Literaria*, Coleridge explica su "plan poético" para las *Lyrical Ballads*. Quería vérselas con personajes sobrenaturales, "o al menos románticos", pero dotándolos de un interés humano y de una verosimilitud que considera prenda indispensable, y que describe con estas memorables palabras: "a semblance of truth sufficient to procure for these shadows of imagination that willing suspension of disbelief for the moment, which constitutes poetic faith" (es decir, "una apariencia de verdad capaz de procurar, para estas sombras de la imaginación, esa voluntaria suspensión provisoria de la incredulidad que constituye la fe poética").

en que mi abuela me repitiera una y otra vez los mismos si no fuera porque sentía que, además, había algo que yo atrapaba mientras estaba dentro de ellos y que luego, al salir, me ensanchaba, me volvía más sabia. Del mismo modo en que Scherezada se había vuelto sabia en la biblioteca de su padre el visir y, con algún esfuerzo, había logrado volver un poco más sabio a su esposo, el rey Schariar. Yo tenía la íntima convicción de que los cuentos *tenían que ver* con la vida, aunque en ellos hubiese burros que defecaran oro. Pero ¿por qué?, o mejor, ¿de qué manera?, ¿en qué radicaba esa sabiduría?

Y ahí, otra vez, Aristóteles al lado de mi abuela, aunque, se verá, con reparos.

Para Aristóteles, el arte era a la vez *poiesis* (o construcción: ficción) y *mimesis* (emulación de la vida). La palabra *mimesis* es tan difícil de traducir que en general se prefiere tomarla así, en crudo y en griego. La *mimesis* –o emulación de lo universal de la vida– es lo que, según Aristóteles, convierte lo artificial en artístico, el artificio en arte. No es poco.[3]

Era natural que Aristóteles definiera así el arte de su tiempo porque así se veía entonces la tragedia –tenida por la

---

[3] A lo largo de su *Poética*, y también en otros escritos, Aristóteles busca dar cuenta del por qué y el cómo de ese poderoso efecto del arte sobre las personas. Y recala, en general, en la idea de belleza y también de necesidad, de verdad, de vislumbre de lo universal que, con su construcción, alcanza la obra poética. "De lo dicho resulta claro no ser el oficio del poeta el contar las cosas como sucedieron sino cual desearíamos hubieran sucedido y tratar lo posible según verosimilitud o según necesidad." Esa idea de verosimilitud –ligada fuertemente a la capacidad artística, al buen oficio del poeta (y a Aristóteles lo irritan mucho los malos poetas)– parece ser una regla de oro: "Es preferible imposibilidad verosímil a posibilidad increíble". Y la verosimilitud termina recalando en esa "belleza" que se alcanza con el buen oficio: la buena métrica, la coherencia de los personajes, el acierto en la elección de la palabra y todas esas "cuestiones de magnitud y orden" que son las que Aristóteles, justamente, se propone describir. Recomiendo también, a quien se interese por esta apasionante dualidad del arte como artificio verdadero, la lectura de *El concepto de ficción* de Juan José Saer, Buenos Aires, Ariel, 1997, donde se puede leer, por ejemplo: "Ni el *Quijote*, ni *Tristam Shandy*, ni *Madame Bovary*, ni *El Castillo* pontifican sobre una supuesta realidad anterior a su concreción textual, pero tampoco se resignan a la función de entretenimiento o de artificio: aunque se afirmen como ficciones, quieren sin embargo ser tomadas al pie de la letra."

más valiosa de las artes–: como una imitación –más pura más intensa, más perfilada– de las pasiones y las acciones de los hombres. Su definición era en realidad muy aguda, porque buscaba dar cuenta de esa doble dimensión –indisoluble– de ficción y profunda verdad que hay en el arte. Sólo que luego se abusó del concepto, la dualidad se convirtió en fisura, y todo terminó derivando en una partición –de graves consecuencias para el arte– entre *forma* y *contenido*. Según esta simplificación de lo complejo, la construcción pasaba a ser lo que tenía que ver con "el estilo" y con "la belleza", en tanto la verdad debía buscarse en el contenido, que a veces se llamaba "mensaje". Como el mensaje no era a veces tan fácil de hallar ni venía formateado en moraleja, había que recurrir a la interpretación. Pletóricos de espíritu detectivesco los intérpretes se ocuparían de "traducir" la ficción y de encontrar las verdades ocultas. Fue un resbalón de lo aristotélico, del que no hay por qué responsabilizar a Aristóteles.[4]

No quiero parecer presuntuosa pero mi abuela, por su parte, jamás cayó en el engaño. Conocía bien en qué consistía el pacto de la ficción y aceptaba las reglas. Suspensión deliberada de la incredulidad, decisión para aceptar la audacia. Seguramente había peces que atrapar, alguna sabiduría. Pero el *efecto* radicaba en lo que le sucedía a uno cuando estaba adentro del cuento y no en su contenido o en lo que "el cuento significaba".

Esa indisoluble cualidad de ficción y de verdad, de artificio y de función vital que tienen los cuentos, tan natural y tan extraordinaria al mismo tiempo, es la que parece estar en crisis. La crisis es general, pero tal vez sea más flagrante, más sencilla de percibir en la literatura para los niños, ya que en

---

[4] En 1964, Susan Sontag escribió un brillante ensayo (*Contra la interpretación*, Alfaguara, 1994), donde cuestiona la función domesticadora y opacadora de la interpretación sobre el campo del arte en nuestro siglo.

el paisaje de infancia todo resulta, ya vimos, más desnudo, más despojado, más evidente.

El carácter doble del arte, este ir por el filo de lo real, parece especialmente sospechoso en el caso del arte que busca al niño, de manera que la partición ahí es más cruda incluso que en otros territorios. Y, hecha la partición, son muchos los que empiezan a mirar con un solo ojo, como Polifemo. Por un lado, están los defensores de la verdad o del "contenido bueno". Según ellos los cuentos son para enseñar, deben dejar una lección, dar buenos ejemplos, no deben ser malsanos, ni tortuosos ni contener yerbas malas. Por otro lado están los defensores del artificio. Según ellos los cuentos son para entretener, tienen que ser divertidos, ágiles, maravillosos, escalofriantes, emocionantes, chisporroteantes... y eso es todo. En el primer caso, es casi inevitable caer en los cuentos didácticos, las tiradas moralizantes y la censura. Y más modernamente, en los excesos de los "buenos modales políticos" –o *political correctness*–, que a veces se parece mucho a una Inquisición más bien torpe y despiadada. En el segundo caso, si no hay sino construcción y artificio inconsecuente, es fácil derivar en la hiperproducción, la liviandad, las malas copias, las series, los cuentos de terror que salen como ristras de chorizos y la especulación de mercado.

Ni Aristóteles ni mi abuela ni Scherezada se habrían alineado. Ellos insistían en ir por el filo. Yo voy, modestamente, tras ellos. Cada día renuevo mi alianza, mi pacto. Creo en la ficción. Creo que construir ese artefacto que es un cuento o una novela (o un cuadro o una cantata) en el vacío es un acto de libertad y de responsabilidad al mismo tiempo, acto profundamente humano, pleno de sentido. El artista, el poeta, es sobre todo artífice, el que, con arte, hace algo nuevo, algo que antes no estaba. "Creador", una palabra que luego hizo carrera en Occidente, puede parecer más romántica pero resulta, a mi modo de ver, menos ponderada. Prefiero pensar en un artífice. También en artífices soñadores y ambiciosos, como Dédalo, el competidor de los dioses. El artista es el constructor, el hacedor de ficciones, pero siempre hay algo que busca atrapar con su artificio.

La "fe poética", el pacto con la ficción, parece estar en crisis. Está en crisis esa deliberada suspensión de la incredulidad, que yo otorgaba con tanta decisión a mi abuela, sabedora de que había un premio en cumplir con las reglas, de que creer valía la pena. Parece haber más exigencia de historicidad que de verosimilitud. Abundan como nunca las autobiografías, las confesiones, las novelas históricas que rescatan aspectos privados de los personajes públicos, y el *non-fiction*, que convierte en novela la política contemporánea y el mundo de los negocios. A los que escribimos ficción a menudo nos rastrean los restos autobiográficos que puedan haber quedado enganchados en nuestros textos, quieren saber si conocimos exactamente a los personajes, si estuvimos en esos sitios, si lo que sucede en la novela nos sucedió a nosotros. Trato de explicarles que es otro el juego. Y huyo como puedo de la autobiografía. En mi novela *Aventuras y desventuras de Casiperro del Hambre,* el que narra su vida es el propio perro. Los inquisidores no se atreven a preguntarme si alguna vez he sido perro (que sí lo he sido, mientras narré esa historia), pero me preguntan, siempre, indefectiblemente, si alguna vez pasé hambre, pero hambre, hambre, como la que sufre Casiperro (que sí la he pasado, mientras fui perro y narraba esa historia).

Este autobiografismo empecinado, esa necesidad de refugiarse en el referente, ese no animarse a entrar en el juego de la ficción fue lo que burló Cervantes cuando construyó la patraña del manuscrito de Cide Amete Berengueli, lo que Borges y Bioy Casares hicieron cuando inventaron al doctor

Bustos Domecq y lo que hizo Borges toda la vida, jugando en los bordes, quitándole la red de protección al lector y obligándolo, una y otra vez, a aceptar los mundos conjeturales, a habitar en el vacío.

Pues bien, el don de la ficción, tan útil, tan humano, está en crisis. Como si se hubiera perdido el foco.

Hay en la actitud del inquisidor autobiografista algo crudo, algo de no entender de qué se trata. Como si estuviera más cerca del alfanje con que Schariar se vengaba de todas las mujeres que del cuento con que Scherezada se prolongaba, por una noche más, la vida. Por mi parte jamás se me habría ocurrido pedirle a mi abuela un puñado de crines o un libro de anatomía asnal para certificar la verdad de lo que me decía.

La misma crudeza encuentro en los inquisidores de la corrección política, como si no entendiesen de qué se trata. No saben lo que es ficción y no se animan a habitar en el vacío. No pudieron, por ejemplo, entrar al *Huckleberry Finn* y atrapar para toda la vida esa gloriosa imagen del niño y el esclavo flotando a la deriva en busca de la libertad; se quedan enredados mucho antes, discutiendo si está bien o mal que aparezca la palabra "negro" tantas veces y si no convendría cambiarla por "hombre de color". Creen también que se pueden inventar ficciones a pedido, juntando una "forma" ágil con un "contenido" irreprochable, con la dosis justa de "verdades" apropiadas. No entienden nada, no entienden las reglas del artificio, y en el fondo, pienso, se están mereciendo lo que recibió el hombre rico del cuento cuando quiso abusar del burro: es decir, contundencias.

Pero tampoco aceptan, creo yo, las reglas del arte los que lo ven como puro artificio, sin las raíces que todo arte tiene en la vida. El artista no es un descolgado, un "loquito", alguien que "hace la suya" sin que su hacer tenga para los demás consecuencias, el artista no es tan inofensivo como algunos pretenden. Pero los defensores a ultranza del artificio inconsecuente tienden a verlo así, como un "juguetón" o un "ilusionista". Si para uno un cuento es sólo un jueguito menor, bastaría con pulir la técnica, con aprender muchos trucos y practicar lo suficiente. Se aprende la técnica del terror, por ejemplo, y se escriben cuentos de terror, se aprende la técnica de la aventura y se escriben novelas de aventuras. A veces, cuando se insiste demasiado en el "placer de leer", dándole a la palabra un dejo de liviandad, de holgazanería, da la sensación de que se está pensando en la literatura como algo así: un lindo artificio para pasar el rato. Un pasatiempo intrascendente y divertido.

Para mí, para mi abuela y para Aristóteles siempre fue algo más. Y sin lugar a dudas fue algo más para Scherezada, para ella sobre todo. Algo más de riesgo, y menos inofensivo. Más parecido —para volver al paisaje de la infancia— al juego, nada juguetón y perfectamente serio, en el que nos embarcábamos entonces. Nos disfrazábamos para ser otros (ni más ni menos igual que en la tragedia griega) o convertíamos la baldosa del patio en un estanque, un campo de batalla, una cuna. El juego era una construcción, un espacio imaginario, ficción, artificio. Pero tenía un sentido. No era igual un juego que otro y, cuando compartíamos con alguien más el imaginario, éramos capaces de pelearnos a muerte por el desarrollo de la historia, cada peripecia era fundamental.

Jugar nos ayudaba a entender la vida, y también el arte nos ayuda a entender la vida. Pero no porque los cuentos "digan de otra manera" ciertos asuntos o expliquen con ejemplos lo que nos pasa sino por las consecuencias que trae habitarlos, aceptar el juego. Por esa manera de horadar que tiene la ficción. De levantar cosas tapadas. Mirar el otro lado. Fisurar lo que parece liso. Ofrecer grietas por donde colarse. Abonar las desmesuras. Explorar los territorios de frontera, entrar en los caracoles que esconden las personas, los vínculos, las ideas.

Y todo eso, una vez más, no con discursos sino con *poiesis*, es decir con ficción, a partir de un artificio. Que es lo que les cuesta tanto entender a los crudos inquisidores, entender que calaban más y mejor en el sentir de un niño victoriano *Alicia en el País de las Maravillas* o los *limericks* de Edward Lear que alguna de las muchas novelas educativas que la época produjo. Los crudos del artificio, en cambio, no entienden que no alcanza con juntar disparates para hacer un *Alicia*, que hay que comprometer además cierta pasión en atrapar, como sea, la confusa vida.

Mi abuela, Aristóteles, Scherezada y yo resolvemos quedarnos en nuestros trece. Es decir, en el filo. En la frontera de una ficción que es artificio y verdad al mismo tiempo. Que cala otro territorio. Aristóteles, griegamente, lo definiría como el sitio donde las cosas son bellas y buenas (*kalà kai agathà*) al mismo tiempo (o sea verdaderas), donde se puede tocar lo universal con la punta de los dedos. Scherezada, muy concretamente, diría que cuenta para no morir, para ensanchar el tiempo y así salvar la vida. Mi abuela diría que a ella, vieja de pueblo, le bastaba con el trocito de poder que le regalaba el cuento, y con olvidarse por un rato de sus piernas ineficaces y sus úlceras malditas. Y no habría sido tan exigente como Aristóteles, me parece; manoteaba lo que fuera, cuentos robados de cualquier lado, sucedidos, coplitas (María Santa Ana, / ¿por qué llora el niño? / Por una manzana / que se le ha perdido), historias tristes y también ridículas. Yo, por mi parte, siempre supe que ahí estaba el territorio de la libertad, que me ensanchaba la vida. La maestra de ese saber fue mi abuela. Ella fue mi Scherezada. Me enseñó a pegar el salto en el vacío. Después se multiplicaron las ocasiones, como es natural. Tuve cuentos, muchos libros, canciones, dibujos, trozos de imaginería. Pero no sé si habría tenido la audacia de aprovechar las ocasiones si antes no hubiese tenido esa escena, la de mi abuela contándome el cuento del asno delirante y justiciero.

Me recuerdo en otras muchas escenas de la vida con ese recurso de libertad en la mano. Y aunque en general las recuerdo como escenas felices, muchas están vinculadas con la enfermedad, o con el miedo o el recorte de la libertad del cuerpo. Me acuerdo, por ejemplo, de estar leyendo *El Príncipe feliz* de Oscar Wilde a los ocho años, con una respiración jadeante. Sufría de bronquitis asmática y era común que me agobiase la tos y me faltase el aire. Recuerdo cómo, a medida que el pájaro quitaba capa tras capa el oro de la estatua, yo empezaba a lagrimear y también a respirar mucho mejor que antes. Me acuerdo de que, mientras desesperábamos esperando alguna noticia de un amigo desaparecido durante la dictadura, hablábamos, con otro amigo, de una película de Bergman, *Cuando huye el día*, y de los sentimientos que a cada uno de nosotros nos despertaba la escena de las frutillas. Me acuerdo de haber reído hasta trastornar las agujas que me conectaban al suero en una cama de hospital muchos años después con una novela del disparate: *La funambulesca aventura del Profesor Landormy*, de Arturo Cancela, y quince años después y en otra cama de hospital, haber encontrado la calma leyendo el ejemplar que Ema Wolf me llevó de *El libro del verano*, de Tove Jansson. Recuerdo que, muchas veces, un trozo de literatura o un cuadro o una música fueron los únicos sitios donde me pude encontrar con personas con las que era imprescindible encontrarse. Me recuerdo entrando y saliendo de la ficción miles de veces, alargando el tiempo del verano con novelas larguísimas: primero Dickens, luego Tolstoi, luego Proust, en ese orden. Me recuerdo compartiendo lecturas con otros lectores, recordando juntos un verso, un pasaje menor de una novela, reconociéndonos en los mismos paisajes. Y recibiendo como un don formidable las noticias de otras lecturas que me traían lectores más avanzados.

En todos esos casos yo sentía que, por así decirlo, empujaba la cruda realidad, la corría y le hacía sitio a ese otro territorio. Que mantenía a raya lo implacable y no permitía que me aplastase. Y todo gracias a mi abuela, que, con toda sencillez y a fuerza de cuentos, me ensanchó la vida. Igual que Scherezada.

Para no ser menos, también yo quiero irme con un cuento, a mi abuela le habría gustado. No me pertenece. Se lo robé a Borges y a Bioy Casares de sus *Historias breves y extraordinarias*. Pero no soy más culpable que ellos, porque ellos dicen haberlo robado, a su vez, de la obra muy poco conocida de cierto pintoresco capitán inglés, R. F. Burton, más famoso como traductor de *Las mil y una noches*, justamente. El capitán, por su parte, me imagino, se habrá limitado a anotar en su libreta lo que le contaba algún peregrino o algún derviche de El Cairo. Los caminos del cuento, como se ve, son secretos, infinitos e inescrutables. Y el que quería recordar dice así:

El poeta hindú Tulsi Das compuso la gesta de Hanuman y de su ejército de monos. Años después, un rey lo encarceló en una torre de piedra. En la celda se puso a meditar y de la meditación surgió Hanuman con su ejército de monos y conquistaron la ciudad e irrumpieron en la torre y lo libertaron.

(México, 1997)

～

Juegos para la lectura

Los mundos imaginarios. Los juegos. Pequeños juegos privados y fugaces que apenas son un dibujo secreto –la niña que, sola, sin que nadie la vea, cruza el patio desierto jugando a volar, ondulando los brazos en el aire, sintiéndose gaviota–, y juegos a los que se vuelve una y otra vez, ritualmente, como habitaciones secretas que siempre están ahí, esperando. El sótano en que Albert Camus y sus amigos, niños pobres de Argel todos, jugaban sobre una pila de cajones rotos a la isla y al naufragio (una de las muchas inolvidables escenas que recupera su bella novela póstuma *El primer hombre*). El borde de un salvaje fiordo del Mar del Norte en que Sofía, la protagonista de *El libro del verano* de Tove Jansson, construye con su abuela una Venecia en miniatura. El hule de la mesa de la cocina en que Unamuno y sus primos jugaban batallas con pajaritas de papel mientras, afuera, en Bilbao, caían las bombas de verdad de la guerra carlista. Amigos imaginarios[5]

---

[5] En *El primer hombre*, Albert Camus evoca el sótano en el que, los días de lluvia, entre viejas bolsas que se pudrían, palanganas oxidadas y maderas en desuso, se reunían los niños a jugar a que eran Robinsones. En uno de los capítulos de *El libro del verano*, "Jugando a Venecia", Tove Jansson recupera con delicada memoria el ciclo completo de una ciudad de fantasía, construida hasta la minucia al borde del agua, más la tragedia que supuso la tormenta, bien real, que se abatió sobre ella. En *De mi vida*, Miguel de Unamuno recuerda los mansos ejércitos de pajaritas de papel con los que, en 1874, y mientras bombardeaban la ciudad de Bilbao, el primo y él conquistaban paso a paso la mesa de la cocina. Estas y otras evocaciones vívidas, más la propia memoria, pueden ayudarnos a construir una mejor –y más desprejuiciada– aproximación al universo del juego. Puede verse también *El desarrollo de la imaginación. Los mundos privados de la infancia*, de David Cohen y Stephen A. MacKeith, Paidós, 1993.

que cuelgan de la lámpara del comedor, o están sentados a nuestro lado, y nadie sino nosotros vemos. Imágenes de cuentos en que nos demoramos infinitamente, que nos prometen parajes exóticos, vínculos diferentes. Linternas mágicas. Palabras sin sentido que nos gusta repetir a solas. Retahílas para echar suertes. Juegos que son apenas un movimiento de los dedos alrededor de un hilo, y grandes paracosmos que inventamos hasta el mínimo detalle, países enteros, con sus habitantes, su geografía, sus leyes y su idioma. Jugar. Los juegos. Los infinitamente variados y siempre sutiles mundos del juego.

Vistos así, es decir recordados –por otros y por nosotros mismos–, los juegos parecen ser algo más que pre-ejercicios, entrenamientos para entrar mejor preparado al mundo adulto, algo más que un estadio en el camino hacia la adaptación madura, como quiere Piaget. Porque todo el que juega, todo el que ha jugado, sabe que, cuando se juega, *se está en otra parte*. Se cruza una frontera. Se ingresa a otro país, que es el mismo territorio en que se está cuando se hace arte, cuando se canta una canción, se pinta un cuadro, se escribe un cuento, se compone una sonata, se esculpe la piedra, se danza.

Los psicólogos parecen tener a veces cierta dificultad en abordar la cuestión de la imaginación y entender la creación artística. A menudo se sienten impulsados a reducirla. La ven como una dramatización o una cancelación, o una elaboración, o una catarsis al servicio de los conflictos, las frustraciones, los sustos. Se jugaría *para algo*, entonces. Se jugaría al servicio de un interés, tal vez de un interés secreto y hasta ignorado. La razón de ser del juego estaría afuera del juego mismo. Todos los acontecimientos que sucedieran en él tendrían una explicación alegórica. Serían la representación en clave de otros sucesos, no imaginarios sino reales, un espejo deformado de la vida cotidiana.[6] La niña que vuela a solas en el patio estaría hablando de omnipotencia, o de la necesidad de huir de algo, y *El castillo* de Kafka no sería sino una metáfora de la dolorosa relación del escritor con su padre.

El juego, sin embargo, es otra cosa. Como es otra cosa el arte. Y no es que no haya vínculos entre la vida del jugador y su juego, entre la vida del artista y su obra. Claro que los hay, y muy fuertes, pero son sutiles y no alcanzan para explicar lo acontecido en ese otro territorio.

Esta independencia del juego –y del arte– es una primera isla en que hacer pie. El territorio del juego, el territorio del arte, aunque ligado de mil maneras a la subjetividad de quien juega o crea, tiene su autonomía y sus reglas. Las reglas del juego.

¿Cómo se ingresaba al territorio del juego y qué era lo que sucedía ahí adentro?

Parece haber en todas las experiencias de juego que podemos recuperar a partir de los recuerdos, propios y de otros, ciertas condiciones de ingreso, llamémoslo un pasaporte. Una puerta. La ocasión. Un lugar y un tiempo propicios. El sótano, en el recuerdo de Camus, con su olor a humedad, sus montañas de objetos en desuso y sus bichos. El fiordo de Tove Jansson, con su lodo y su lengua de mar implacable. Un altillo. Un árbol. Los bajos de una mesa. La esquina. El fondo del jardín. La cueva. El cuarto. El rincón de los juguetes. Los escondites secretos, aunque más no sea la intimidad de una manta o una frazada echada sobre la cabeza.

Y no sólo el espacio en el espacio sino el espacio en el tiempo. El lapso. Una cierta hora vacía. Un blanco en el sucederse de los

---

[6] En *La formación del símbolo en el niño*, Piaget dice que "la imaginación simbólica constituye el instrumento o la forma del juego, y no su contenido", y que "éste [el contenido] es el conjunto de seres o acontecimientos representados por el símbolo", ya que el símbolo es la herramienta de que dispone el niño para pensar y evocar su vida afectiva.

acontecimientos. La hora de la siesta. El ocio. Las vacaciones. Las largas esperas. Las noches de verano después de la cena. Hay siempre un momento y un escenario que parecen abrirse para que suceda en ellos algo diferente, algo gratuito e intenso. Se nos invitaba a cruzar un umbral, y cruzarlo tenía sus consecuencias.

Había en el juego –eso es algo que recordamos todos– algo un poco inquietante, un cierto extrañamiento, una emoción que nos hacía batir el corazón a otro ritmo. Podían suceder en el juego cosas extrañas, cosas no domesticadas. El amigo con el que jugábamos se nos tornaba de repente un poco extranjero, menos familiar, capaz de gestos y de miradas y de acciones que no le conocíamos en momentos más tranquilos y previsibles de la existencia. Nosotros mismos nos volvíamos irreconocibles, extraños a nuestros propios ojos.

Marcel Proust, con esa rara capacidad que tuvo para capturar la condición a la vez intensa y evanescente del sentimiento infantil, relata en los comienzos de *En busca del tiempo perdido* el desconcierto y la terrible inquietud mezclados con maravilla que le despertaba la luz de la linterna mágica irrumpiendo de golpe en la alcoba con su belleza y su misterio. Los objetos conocidos, las cortinas, las paredes, el picaporte de la puerta, se tornaban de repente extraños. "Cesaba la influencia anestésica de la costumbre –así dice Proust– y me ponía a pensar y a sentir, ambas cosas muy tristes." Tal vez parezca muy drástico así dicho, y sin duda se trataba de un niño de sensaciones exacerbadas. Pero es bueno recordar esa cualidad inquietante del juego. Tal vez nos ayude a explicar el desasosiego y el extrañamiento –el misterio podríamos decir– que siempre acompaña al arte.

Un lugar y un tiempo que se abren como hueco para dar ocasión al juego, y cierta extrañeza, cierta inquietud, como de quien va a entrar en territorios desconocidos.

El comienzo, por lo general, era el caos. ¿Quién no recuerda esos movimientos erráticos, esa manipulación nerviosa del juguete, ese ir y venir sin sentido, esa cierta excitación desordenada propia del comienzo? Echábamos los muñecos sobre el suelo sin saber de qué historia los haríamos protagonistas. Nos poníamos un disfraz y después otro. No nos decidíamos por el rol que nos tocaría. En los juegos compartidos nos dábamos órdenes y sugerencias contradictorias, a veces nos peleábamos francamente. Hasta que el jugar por fin encontraba su centro y su sentido. Ése era el mejor momento de todos. Habíamos creado un cosmos.

A partir de ahí, ya no nos daba lo mismo jugar de una u otra manera. Una vez que estábamos jugando era ése el juego y no otro, y podíamos irritarnos mucho si se desconocían esas reglas nunca explicitadas pero muy fuertes que hacían que fuese único e inconfundible. Había una coherencia. O una lucha de coherencias cuando el juego era entre muchos. En todo caso el desarrollo y cada uno de los detalles nunca nos eran indiferentes. El juego nos importaba. Era nuestra obra y nos sentíamos responsables.

A partir de allí todo se borraba salvo ese acontecer –obra nuestra– a la vez real e imaginario. Y un acontecer que acontecía a su manera, con otro ritmo: *el tiempo era de otro orden.* Mientras estábamos dentro del juego el tiempo cambiaba de calidad. Se volvía otro. No sólo porque, si construíamos una historia, podían suceder meses y años en el lapso de un minuto, sino porque el propio sentimiento del tiempo vivido se transformaba. Por momentos nos parecía que todo estaba quieto, como si hubiésemos alcanzado una especie de eternidad, y de pronto, porque nos llamaban para ir a comer o porque el amigo pronto debía volver a su casa, nos dábamos cuenta de que el tiempo había corrido vertiginosamente y quedábamos desconcertados y me parece que también un poco dolidos.

37

Del territorio del juego se salía tarde o temprano. Por alguna puerta. En el mejor de los casos, cuando se terminaba de jugar. Ésa era una sensación importante, haberlo completado. El juego tenía una maduración, digamos, y en un cierto momento se cerraba. Incluso sentíamos cuando decaía, cuando lo prolongábamos más allá de lo útil y necesario, del mismo modo en que nos irritábamos, como se dijo, si pretendían arrancarnos de él cuando estábamos en plena construcción del mismo. Algunos juegos eran fugaces, livianos. Y otros juegos eran mucho más comprometidos. Algunos podían desarrollarse en una capa más o menos superficial de la vida, casi sin interrupción de otras actividades, casi en público incluso. Y otros eran muy intensos y extremadamente secretos. Pero todos tenían su entrada, su secreto y su salida.

La ocasión. La extrañeza. Un caos que se vuelve cosmos y del que nos hacemos responsables. Grandes trastornos del tiempo. Culminaciones, cierres. Algunos nudos que parecen formar parte también de la trama del arte.

No que el arte pueda asimilarse por completo al juego. Hay otras reglas, compromisos de otro tipo y una función que la sociedad ha venido perfilando a su modo a lo largo de la historia. Pero el recuerdo de las características y las condiciones de esas viejas excursiones a los mundos imaginarios pueden ser una manera más fresca, y menos prejuiciada, de responder a la pregunta en torno al arte. ¿Dónde está? ¿Cómo ingresa a o es expulsado de nuestras vidas? ¿Qué sentido tiene buscar instalarlo en ellas? ¿Cómo se constituye la obra? ¿Quién soy yo frente a la obra? ¿Por qué le entrego mi tiempo?

Una de las palabras que más se suelen utilizar en vinculación con el arte es "expresión", y a menudo ha servido para reforzar esa idea del arte como significante de otro significado, algo que está allí en lugar de otra cosa escondida u oculta que, de esa manera, se revela, "sale afuera". Como si hubiese algo, algún líquido, alguna sustancia que, proveniente del sujeto, se derrama sobre la pintura, el cuento, la escena dramatizada. El individuo quedaría, luego de la expresión, limpio y purgado.

Y tiene algo de cierto eso, el arte es expresión ciertamente. Pero también, y sobre todo, es obra. El artista, más que en expresarse, tiene interés en *hacer*, en la obra, del mismo modo en que el que juega tiene toda su energía puesta en el universo del juego y se entrega a él por completo. Es posible que el desencadenante haya sido –suele ser– alguna forma de desequilibrio, una "inquietud" de origen incierto, ajena al juego mismo. Pero, una vez iniciado el juego, el que manda es eso: el universo que ahí se está constituyendo.

Lo mismo sucede en el arte. En el curso del quehacer artístico, de la construcción poética, es la obra la que marca las reglas, la que exige al artista en todo momento y la que termina dejándolo fuera. Algo así como si la obra se valiera del artista para realizarse, y no al revés, el artista de la obra para expresarse.[7]

Instalar este concepto –algo drástico– de la tiranía de obra puede ayudar a construir a su vez otro que a primera vista parece contraponerse: el de la *responsabilidad* del hacedor con respecto a eso que se está haciendo. La responsabilidad estriba, justamente, en que la obra pueda tener lugar, en hacerle sitio y en ser leal a ella, permitiéndole desarrollarse bien y con coherencia. Si sólo fuera cuestión de "poner fuera lo que se lleva dentro", siempre se estaría satisfecho de lo alcanzado. Y no es así. Al artista no le importa el proceso de crear en sí, le importa la obra, y siempre está buscando algo que

---

[7] Mucho mejor que yo, y con mayor profundidad teórica, explica este concepto Maurice Blanchot en *El espacio poético*, apoyándose en la obra de Rilke.

está un poco más allá, algo que nunca jamás atrapa. Lo que quería atrapar Van Gogh cuando se quemaba los ojos mirando los girasoles, eso que toda obra pretende atrapar. Y eso que el artista busca sólo puede buscarlo en el interior de la obra misma. No es algo fuera de la obra que el artista luego "plasma" en la obra. Sólo está la obra, y toda búsqueda debe hacerse ahí adentro, dentro de esas reglas, horadándolas. "Profundizar el verso" decía Mallarmé. Y Van Gogh le escribía a su hermano:

> ¿Qué es dibujar? ¿Cómo se llega a eso? Es la acción de abrirse paso a través de un muro invisible de hierro, que parece encontrarse entre lo que se siente y lo que se puede [...] De nada sirve golpear fuerte, hay que mirar ese muro y atravesarlo con la lima, lentamente y con paciencia, según lo entiendo.

En el juego hablábamos de las ocasiones. También en el arte hay espacios y ocasiones. Ocasiones propicias: los lugares concretos, los materiales —que también son "sitios", a su modo— y los tiempos apropiados: ocios, serenidades, hasta aburrimientos. Si no hay un dónde y un cuándo y un con qué hacer arte la ocasión se achica. No desaparece del todo si la necesidad de hacerlo es vigorosa, porque siempre hay márgenes estrechos donde instalarse. Pero se achica, y si la persona no está entrenada en eso de la ilusión, tal vez se debilite de manera irreparable.

Otra semejanza: el caos. La confusión inicial del juego, esa exploración a ciegas, sirve para entender el desasosiego que rodea el comienzo de la obra. ¿Cómo inaugurarla una vez abierta la brecha? La página en blanco. La tela. El silencio sobre el que habrá que dibujar el sonido. El salto sobre el vacío. Tradicionalmente se le pedía al pintor que observara algo —un paisaje, su modelo— tanto tiempo como hiciera falta para encontrar su dibujo. En realidad no es un mal comienzo. Van Gogh, ya vimos, hablaba de horadar el mundo con la mirada. Y al poeta le sucede lo mismo con las palabras. Debe contemplarlas, detenerse en su materialidad y penetrarlas. Contemplarlas con extrañeza, como un recién llegado al mundo, como si fuera la primera vez que las tuviera delante. Sin embargo, este detenerse y mirar despojadamente –con ojos limpios– las cosas es una meta difícil de alcanzar. Y una instancia inquietante para todos, también para el artista porque significa volver a aceptar el mundo innombrado, el caos, y, desde el caos, construir un cosmos.

Cuando éramos chicos y jugábamos, teníamos nuestros recursos. Recurríamos muchas veces a los juegos ya dibujados de antemano para sortear la angustia. Viejos juegos tradicionales, donde estaban bien asignados los roles y las reglas (jugábamos a la escondida, la rayuela, la mancha, las esquinitas, el gallito ciego...), o juegos que adherían al imaginario de un cuento, una película, una historieta, al menos en sus comienzos (jugábamos a Sandokán, a Tarzán, al Llanero Solitario). Y estaban además nuestros propios viejos juegos, los archisabidos, que se convertían en refugios. Saber de antemano a qué se va a jugar, tranquiliza.

También el artista dispone de algunas redes de protección para el salto. Por ejemplo, el género, los géneros literarios y sus tradiciones. Si el poeta sabe que va a elegir el soneto, no está tan despojado, algo ya tiene en las manos. Los géneros, las escuelas literarias, los estilos (también el estilo personal), la historia del oficio, las tradiciones, las viejas y nuevas reglas del arte protegen al artista en el momento de entrar en la obra. En ese sentido, cuanto más haya leído, visto, escuchado, contemplado, mejor pertrechado va a estar para el gran salto. Cuanto más haya jugado el jugador, en mejores condiciones estará para entrar en el juego.

La tradición o las consignas, los marcos artificiales. También las consignas –las propuestas de juego– sirven para sortear el vacío. Estimulan al tímido, alivian el temor al caos. Cuando se escribe, por ejemplo, está esa especie de borde de abismo y de muerte que es la hoja –o la pantalla– en blanco. La emoción es fuerte, y no todos están dispuestos a soportar esa clase de emociones. Entonces llega la consigna y tranquiliza. Aunque a veces la tranquilidad se exagere. La consigna pasa de marco a cosmos y avanza sobre la obra. El hacer no corre más riesgos entonces, se cierra en torno a ella y la elige como su forma, como el final de su búsqueda. Un juego mentiroso, un juego ya jugado. Como en esas fiestas de cumpleaños dirigidas hasta la minucia por expertos animadores. Puro trámite. Demasiadas seguridades. Un exceso de "eficacia". En lugar de obra, a gatas un ejercicio. Faltaron el palpitar, la emoción y la extranjería.

No se ha jugado de verdad. No se ha zarpado. Para que el juego sea juego y la obra, obra, hay un punto en el que se cortan amarras, se abandona el muelle y se entra en el territorio siempre inquietante del propio imaginario. Se entra a buscar algo que nunca jamás se encuentra pero que, por eso mismo, se debe seguir buscando. Siempre hay riesgo. Y extrañeza. Mientras se esté ahí no se será ni menos ni más feliz, ni menos ni más serio, ni menos ni más responsable que la niña que cruzaba el patio desierto ondulando los brazos en el aire, jugando a ser gaviota.

(Buenos Aires, 1998)

Una nuez que es y no es

Sucedió en ocasión de mi visita a un jardín de infantes. La maestra me había invitado pensando que a los escuchadores de cuentos –y sus alumnos al parecer eran especialmente ávidos– podía interesarles conocer a una persona cuyo oficio era precisamente el de fabricarlos.

Cuando los tuve delante (eran extraordinariamente pequeños: una salita de tres años) pensé que sólo podíamos encontrarnos en el contar. Y, un poco con la idea de que experimentáramos juntos esa "fabricación de historias", les propuse que construyéramos un relato entre todos. Aceptaron con entusiasmo. Sugerí empezar por una nuez. "Había una vez una nuez…", así empezaba el cuento. A partir de ahí ellos siguieron arrojando, con la mayor naturalidad, todo tipo de delirios. Yo me limitaba a elegir los que me parecían más llenos de posibilidades narrativas, e hilarlos someramente en el lenguaje. Finalmente resultó una nuez que estaba llena de agua en lugar de estar llena de nuez. En el medio del agua, una isla. En la isla, un señor. El momento dramático no tardó en llegar: alguien rompe la nuez, el agua se derrama, el isleño queda sin protección. Y luego los rescates, que surgían simultáneamente desde un montón de cuenteros a la vez, y que eran en general de este tipo: "Yo me lo llevé a mi casa", "yo tengo una tacita que puede servir para que viva el señor en su isla", "yo lo pongo en otra nuez…", y así muchos más. Cuando el desorden, que iba en aumento junto con el entusiasmo, llegó a su punto más alto, dimos por terminado el cuento, con uno de los finales que más adeptos tuvo. Estaban muy contentos, y más contentos se pusieron cuando la maestra les dijo que ya podían salir al arenero a jugar.

Mientras los demás salían, una niñita muy seria, que había participado poco pero había seguido con gran atención todo lo que se había ido diciendo, se me acercó y en voz baja, casi como quien pide que se lo haga partícipe de un secreto, me preguntó: "¿Y dónde se consiguen de esas *nuez*?"

Una pregunta extraordinaria: "¿dónde se consiguen de esas *nuez*?" Ese extraño error de concordancia –"nuez", en lugar de "nueces"– me remitía a "no es" y entonces de lleno a la cuestión de la ilusión. Una pregunta grave y llena de sentidos. Significaba el mejor remate a lo que había sucedido en ese cuarto de hora. Me colocaba de golpe y con toda sencillez en el centro de la cuestión de la ficción y las excursiones a la ficción, ese delicado proceso por el cual se aprende a entrar y salir de los mundos imaginarios.

Me acordé de Cervantes. En un episodio inolvidable, Don Quijote asiste a una representación de títeres en el patio de una venta y, conmovido por el grave peligro que corren el Conde Griferos y la bella Melisendra en la historia ahí representada, desenvaina su espada para terciar en el conflicto. Destroza a puro tajo varios títeres –los moros que iban en persecución de los protagonistas– y termina desmantelando el retablo entero, para gran desolación de Maese Pedro, el "titerero".[8]

Y también me acordé de Encarnación, una tía abuela mía, incorporada muy tardíamente a la vida urbana, a quien el encuentro con la televisión había a la vez deslumbrado y sumido en el desconcierto. En un primer momento había tendido a

---

8. Para quien quiera leerlo (y, por supuesto, vale la pena): Miguel de Cervantes Saavedra, *Don Quijote de la Mancha*, Segunda Parte, cap. XXVI. Tanto el ataque del Quijote sobre el retablo como el regateo posterior con el titiritero por los daños ocasionados son una joya sin desperdicio.

creer (como el de la Triste Figura) que todo lo que aparecía en la pantalla era un reflejo fiel (una foto) de un acontecimiento real, y se indignaba por la conducta de los malos de la telenovela de la tarde al punto de reclamar a los gritos que la justicia hiciese algo por proteger a los protagonistas de tantos atropellos. Pero, pasado un tiempo y muchas burlas, se había vuelto cada vez más escéptica con respecto a lo que sucedía dentro de la pantalla, hasta descreer también de los noticiarios. Por ese entonces transmitieron la llegada del hombre a la Luna, y Encarnación siguió la transmisión con el mismo interés y el mismo escepticismo con que veía los dibujos animados. Para corroborar su escepticismo dejó la pantalla y salió al patio a mirar la Luna: estaba donde siempre, bien clara y –tal como ella lo había supuesto– sin la menor sombra de cohetes o astronautas.

Todos esos encuentros –el de la niñita filósofa con el cuento de la nuez que "es" pero "no es", el del Quijote con los sucesos del retablo, el de Encarnación con los acontecimientos de la pantalla chica–, los encuentros con la ficción, son encuentros fuertes y conmovedores siempre, y, a veces, también desconcertantes.

Un cuento es siempre, a la vez, lo más natural y lo más extraño.

A veces los cuentos son invisibles, pensará la niña de la nuez. Salen de la boca de las personas y, agarrados del hilo de la voz, se le van metiendo dentro a uno por el oído. Y, poco a poco, van construyendo algo. Después se apaga la voz y se termina el cuento. Quedan algunas cosas: a veces imágenes fuertes, otras veces apenas hebras, o el sonido de alguna palabra que vuelve una y otra vez, que se mezcla con otras, que arde. Como, por ejemplo, "nuez". "¿Nuez?" "Nuez, no es."

Otras veces es evidente que están guardados adentro de un libro, seguirá pensando. Se puede ver que el cuento está porque hay señales: las letras. Y dibujos. También en los dibujos está el cuento. Se apaga la voz, se cierra el libro. Quedan las ganas de volver a abrirlo, de tocarlo, de mirar los dibujos y quedarse detenido, en suspenso, sobre el misterio de las letras.

La ficción ingresa temprano en nuestras vidas. Comprendemos, precozmente, que hay ocasiones en que las palabras no se usan sólo para hacer que sucedan cosas –para mandar, para dar órdenes– o para decir cómo es el mundo –para describir, para explicar–, sino para construir ilusiones. Basta con haber oído una sola canción de cuna o una sola deformación cariñosa del propio nombre para saber que a veces las palabras hacen cabriolas y se combinan entre ellas para formar dibujos con el solo propósito, al parecer, de que se las contemple maravillado. Y, sin embargo, a los tres, a los cuatro, el misterio todavía sobrecoge.

El cuento está hecho de palabras, y por eso es una ilusión tan especial. En realidad una ilusión doble, que monta una ilusión sobre otra. Un cuento es un universo de discurso imaginario, que es algo así como decir que es un universo imaginario-imaginario, imaginario dos veces, porque ya el discurso, el lenguaje, es en sí un "como si", un disfraz, un juego con sus reglas. El signo –el símbolo–, la palabra, juega a ser, está jugando a ser, señalando una ausencia. Como nuestra nuez del comienzo, que "es" pero "no es". Si digo "agua", nadie se moja, pero todos evocan mojaduras. El agua está y no está dentro de "agua". "Agua" –la palabra– es la marca del agua que no está. Así son las palabras, como monedas de cambio: se dan y se reciben. Es un juego que jugamos todos. A veces, cuando digo "agua", entrego esa moneda por valor de un agua concreta, me refiero a cierta manifestación de todas las aguas posibles del planeta. "Quiero agua". Ésa, la que se agita en la jarra. Hablo de cosas que están en el mundo, apunto al mundo con las palabras, lo señalo, lo nombro. Hablo con el lenguaje de la noticia, de la información, de la explicación, de la organización. El de las verdades y las mentiras.

Pero el cuento es otra cosa.

El cuento es un universo nuevo, un artificio que alguien ha construido. En el cuento está explícitamente indicado que las palabras que lo forman nombran una ficción y no un referente real, que –deliberada, declaradamente– se está construyendo una ilusión, un mundo imaginario. En la ficción, la cuestión de si el discurso es verdadero o falso no es pertinente. Ninguno de los enunciados que un cuento contiene puede ser tildado de verdadero o de falso porque el cuento no tiene referente. No cabe ningún cotejo, ninguna demostración. En el cuento sólo manda el propio cuento. Y, sin embargo, mientras estamos ahí dentro no hay nada en que creamos más que en eso que nos están contando.

Cuando le contamos un cuento a un chico estamos dejando inauguradas algunas cosas. Por un lado, le garantizamos que existen discursos imaginarios deliberados, construcciones hechas de palabras y "gratuitas" (o por las que, al menos, no hay que pagar el precio de la referencia). Otros mundos –redondos, encerrados en sí, independientes por tener sus propias reglas internas, aunque, por supuesto, vinculados de muchos y muy complejos modos al mundo real–, mundos imaginarios a los que se puede ir de visita.

Pero no sólo inauguramos eso. También, y por el solo hecho de estar contando, inauguramos el *contar* como la llave para ir de visita a esos mundos. Así, contando –decimos al contar–, se entra en el cuento. El acto de contar enseña a entrar y salir de la ficción. Ambos –el cuento y el contar– son solidarios, se necesitan. Por un lado está el cuento –supongamos que un cuento de autor, el mundo imaginario que construyó, palabra a palabra, cierta persona en un cierto día–, y por otro está el contar, el pasaje de ida y vuelta a ese mundo que otra persona, en otro cierto día, construye con dos ingredientes fundamentales: su tiempo y su voz. Y esto es básicamente así siempre, aun cuando se haya pasado de la audición de cuentos a la lectura: el lector le sigue prestando su tiempo y su voz interior al cuento, y sólo en ese tiempo el cuento vive.

Silencio, está por comenzar la ceremonia. Pendemos de la voz o de la letra. "Había una vez…", y se abre la casa imaginaria, nos deja que la habitemos. Al principio es extraña y tal vez nos sorprenda que haya cosas que nos recuerden tanto el mundo, aunque todo el ritual –la voz, la modulación de esa voz, el libro– nos señale constantemente que lo que ahí sucede "es" y "no es" al mismo tiempo. Poco a poco nos vamos familiarizando. Le descubrimos los trucos a la casa imaginaria, notamos que suelen estar dispuestas de cierta manera las habitaciones. A esa palabra que viene ahí ya la estábamos esperando, y a esa repetición también. Nos gusta anticiparnos y corearla junto con el que cuenta el cuento.

El cuento sigue, es un hilo que no se corta. De pronto, al doblar un recodo, nos acompaña hasta la puerta. Colorín colorado: por aquí se sale; este cuento se ha acabado: ya estamos afuera. Otra vez en el mundo. Exiliados, hasta la próxima ilusión, de ese sitio donde las nueces eran y no eran al mismo tiempo.

(Buenos Aires, 1993)

~

La frontera indómita

Cada uno está solo en el corazón de la Tierra
atravesado por un rayo de sol:
y de pronto anochece.

Amo mucho esos versos de Salvatore Quasimodo;[9] los evoco siempre y en circunstancias muy divesas. Son para mí un recordatorio y, a la vez, una especie de conjuro contra la estupidez y contra las vanidades. No conozco ninguna imagen más apretada y genuina de la precaria –y luminosa– condición humana, del fugaz e intenso destello de la conciencia y su obra.

Curiosamente, suelen encabalgárseme en la memoria con otros versos, menos prestigiosos tal vez, pero seguramente más populares:

Juguemos en el bosque
mientras el lobo no está.

El lobo, que está ahí nomás, a la vuelta de la esquina, se parece mucho a la noche indefectible; el bosque es, como la Tierra, la casa, el sitio donde se está, provisoriamente; el jugar se parece mucho al rayo de sol que nos atraviesa. Por otra parte, ambos poemas coinciden en lo frágil de la estancia: un dramático "de pronto" en los versos de Quasimodo y

---

[9] De *Aque e terre.*

49

un sabio "mientras" en la ronda infantil se ocupan de recordarnos la precariedad del juego.

Ambas citas me parecen pertinentes cuando se propone uno hablar del lugar que ocupan los cuentos –la ficción, la literatura, los mundos imaginarios– en la vida de las personas. Al fin de cuentas, es sólo en esa breve cuña de conciencia y oportunidad, en esa estrecha y dramática frontera –el rayo de luz que precede a la indefectible noche, el jugar mientras el lobo todavía está lejos– donde tienen lugar todas las construcciones humanas, su cultura y, por supuesto, su literatura. Hablar de literatura sin tener en cuenta ese contexto elemental puede conducir a muchas equívocos, y sobre todo a muchos vacíos. Es ese contexto el que le otorga sentido a lo que hacemos.

Claro que hay muchos para los que el sentido no es algo codiciable, que descreen de las significaciones. No es mi caso; soy de los que creen, justamente, que la búsqueda siempre difícil, muchas veces dramática y a veces insatisfactoria de significaciones es exactamente lo que nos compete a las personas.

¿Por qué *hacer* literatura? ¿Por qué *leer* literatura? ¿Por qué *editar* literatura? ¿Por qué *enseñar* literatura? ¿Por qué insistir en que la literatura forme parte de la vida de las personas? ¿*Dónde está* esto que llamamos literatura? ¿Dónde debemos ponerla?

Pertenece, estoy convencida, a la frontera indómita, allí precisamente tiene su domicilio.

A esta altura voy a tomarle prestada una idea a un pensador que quiero mucho: Winnicott. Y si lo quiero y lo admiro es porque desarrolla su teoría sin darle la espalda a la condición humana –más bien partiendo de su punto más dramático: la soledad, la separación irremediable–, y porque, una vez desplegada la teoría, no se deja atrapar por ella, como sucede a veces, sino que sigue pensando, hasta el final, libremente.

Winnicott empieza por el principio. Su punto de partida es el niño recién arrojado al mundo que, esforzada y creativamente, debe ir construyendo sus fronteras y, paradójicamente, consolando su soledad, ambas cosas al mismo tiempo. Por un lado, está su apasionada y exigente subjetividad, su gran deseo; del otro lado, el objeto deseado: la madre, y, en el medio, todas las construcciones imaginables, una difícil e intensa frontera de transición, el único margen donde realmente se puede ser libre, es decir, no condicionado por lo dado, no obligado por las demandas propias ni por los límites del afuera. El niño espera a la madre, y en la espera, en la demora, crea. Winnicott llama a este espacio tercera zona o lugar potencial.

A esa zona pertenecen los objetos que Winnicott llama transicionales –la manta cuyo borde se chupa devotamente, el oso de peluche al que uno se abraza para tolerar la ausencia–, los rituales consoladores, el juego en general y, también, la cultura.[10]

Esta tercera zona no se hace de una vez y para siempre. Se trata de un territorio en constante conquista, nunca con-

---

[10] La preocupación por encontrar un sitio para esas cosas de la vida "que nos hacen sentirnos vivos" es una constante en Winnicott. La cuestión del "lugar", en él, nunca es trivial. En el capítulo 7 de *Realidad y juego* (*Playing and Reality*, 1971; publicado en español por Gedisa), que se llama, justamente "La ubicación de la experiencia cultural" y que está encabezado por una reveladora cita de Tagore ("En la playa de interminables mundos,/ los niños juegan"), se pregunta si ese sitio que él busca será el que Freud llamaba "sublimación", al que, sin embargo, no le había reservado ubicación precisa su topografía mental, e insiste en que sólo respondiendo a esa pregunta se entendería en qué consiste la vida, siendo, como es, algo más que la enfermedad o la falta de ella. "Cuando se habla de un hombre, se habla de él junto con la acumulación de sus experiencias culturales [...] Y al utilizar el vocablo *cultura* pienso en la tradición heredada. Pienso en algo que está contenido en el acervo común de la humanidad, a lo cual pueden contribuir los individuos y los grupos de personas, y que todos podemos usar *si tenemos algún lugar en que poner lo que encontremos*." Y luego, en el capítulo siguiente, reitera su búsqueda, casi obsesiva: "Deseo ahora examinar *el lugar* –y uso la palabra en sentido abstracto– en que nos encontramos durante la mayor parte del tiempo cuando experimentamos vivir".

quistado del todo, siempre en elaboración, en permanente hacerse; por una parte, zona de intercambio entre el adentro y el afuera, entre el individuo y el mundo, pero también algo más: única zona liberada. El lugar del hacer personal.

La literatura, como el arte en general, como la cultura, como toda marca humana, está instalada *en* esa frontera. Una frontera espesa, que contiene de todo, e independiente: que no pertenece al *adentro*, a las puras subjetividades, ni al *afuera*, el real o mundo objetivo.

Un territorio necesario y saludable, el único en el que nos sentimos realmente vivos, el único en el que brilla el breve rayo de sol de los versos de Quasimodo, el único donde se pueden desarrollar nuestros juegos antes de la llegada del lobo. Si ese territorio de frontera se angosta, si no podemos habitarlo, no nos queda más que la pura subjetividad y, por ende, la locura, o la mera acomodación al afuera, que es una forma de muerte.

La condición para que esta frontera siga siendo lo que debe ser es, precisamente, que se mantenga indómita, es decir, que no caiga bajo el dominio de la pura subjetividad ni de lo absolutamente exterior, que no esté al servicio del puro yo ni del puro no-yo. La educación, en un sentido más generoso que la mera enseñanza, puede contribuir considerablemente al angostamiento o ensanchamiento de este territorio necesario.

Es ahí donde está la literatura; ahí se abre la frontera indómita de las palabras.

Las palabras, ya se sabe, ocupan todos los espacios, puesto que fuimos arrojados a un mundo nombrado. Y sirven para muchas cosas; tienen diversas funciones, como ya dijo en su momento Jakobson (y convirtieron luego en dogma los manuales). Pero algunas, sólo algunas –y esto es algo que a veces hace perder la paciencia a los lingüistas–, están instaladas en los márgenes, en la frontera. Una novela, un cuento, una canción, un poema son avanzadas sobre la tercera zona, construcciones pioneras, propias del borde. Por eso se suele decir que son gratuitas, en el sentido de que no son *necesarias*, que son independientes de lo dado (el yo y sus exigencias; el mundo y sus condiciones). No porque sean novela o cuento o poema, no por su género sino por la forma de experiencia que determinan: cualquier otra cosa, de un panfleto a una receta de cocina, se podrían leer como literatura, siempre y cuando se los instalara en esa frontera, se los liberara, precisamente, de los condicionamientos de las *funciones*, se los alojara en esa especie de zona oblicua, esa ronda, ese círculo mágico, esa rayuela, donde se construye, infatigablemente, todo lo nuevo.

Eso no significa que la literatura sea una experiencia totalmente indiferente al yo o al no-yo, a la realidad psíquica o a la realidad exterior. Claro que no: justamente, es frontera y, por lo tanto, transición, pero no se reduce jamás a los términos que la enmarcan porque es un *hacer* independiente, que tiene sus propias reglas y su propio espacio.

La frontera indómita de las palabras incluye una gama muy amplia de variantes, algunas más canonizadas y prestigiosas que otras; las exploraciones gozosas del balbuceo durante la primerísima infancia, la deliberada y obsesiva reiteración de una sílaba sabrosa, los insultos rituales, las adivinanzas populares, los chistes o *La Divina Comedia* de Dante. Es el lugar de los gestos, de los símbolos, de los caprichos, de las marcas personales, de los *estilos* (por eso de Buffon), y puede llegar a ser, o no, el lugar donde se instale gran parte de lo que transita por las aulas y por los programas de estudio, es decir la tradición heredada, el acervo literario de la humanidad, que viene a ser algo así como la frontera indómita de la especie, construida a fuerza de decantaciones.

Nadie parece dudar de que la escuela tiene que incluir *de algún modo* la literatura entre sus quehaceres ni de que al colegio secundario le corresponde transmitir, *mal que bien*, el acervo literario, o, al menos, cierto repertorio nacional o universal que todo el mundo considera insoslayable. En cambio, nadie parece preocuparse demasiado por preguntar lo que tan bien se pregunta Winnicott: dónde poner ese acervo. Un tema que, ya se dijo, parece tener más que ver con la educación que con la enseñanza. No se puede decir que la escuela o el colegio ignoren la literatura. En la escuela y en el colegio circulan poemas, cuentos, novelas... Se habla incluso de corrientes literarias, de estilos. Sólo que nadie sabe dónde ponerlos. Y eso es grave, porque los poemas, los cuentos, las novelas, las corrientes literarias o los estilos sólo tienen sentido si contamos con un sitio dónde ponerlos, es decir, si hemos desarrollado antes nuestra frontera indómita, nuestra zona liberada. Está claro que no sirven para saciar las necesidades elementales del yo ni para modificar drásticamente las condiciones del mundo exterior; de hecho, sólo sirven a esa zona tercera. La cultura heredada sólo es útil en tanto puede convertirse en cultura propia, es decir, en tanto puede ingresar a la propia frontera indómita. Y, para eso, tiene que convertirse en experiencia.

Me doy cuenta de que esto puede parecer una exigencia desmesurada. Se me dirá que bastante tienen los padres con atender a la subsistencia; que bastante tienen maestros y profesores con sus difíciles destinos de docentes en una sociedad desinteresada por la educación, que demasiado tienen con sus aulas sobrepobladas, sus sueldos lamentables, sus reformas educativas y sus contenidos básicos; que bastante tenemos todos con nuestro mundo estricto y abrumador como para ocuparnos, además, de desatar el gran paquete y convertir la cultura en experiencia.

Hay por supuesto muchas formas de ver esta cuestión, y muchos atajos y coartadas para otorgarle o quitarle sentido a lo que uno hace. Pero, a mí modo de ver, no hay vuelta que darle: enseñar literatura no puede significar otra cosa que educar en la literatura, que ayudar a que la literatura *ingrese en la experiencia* de los alumnos, en su hacer, lo que supone, por supuesto, reingresarla en el propio. Educar en la literatura es un asunto de tránsito y ensanchamiento de fronteras. Y un asunto vital, en el que necesariamente están implicados los maestros y profesores, aunque no sólo ellos.

Claro está que es muy difícil ayudar a ensanchar la frontera de otros cuando la propia está encogida, apelmazada. Es casi imposible hacer que la cultura se convierta para otros en experiencia cuando es para uno sólo un dato del mundo exterior, un trámite; por ejemplo el requerimiento de un programa. Y es difícil poner las energías en la construcción de las fronteras cuando se carece de la confianza mínima en el mundo exterior, cuando no se gana lo suficiente para vivir, por ejemplo, o cuando todo es tan hostil que cualquier esfuerzo constructor parece perder sentido.

Sin embargo, si nos ocupamos de cultura nuestro oficio *es ése*, es eso lo que nos compete. Si ya no nos interesa nuestro oficio, si hemos decidido remplazar toda reflexión sobre él por comentarios difusos acerca de las noticias aparecidas en los diarios, será porque ya hemos entregado una zona considerable de nuestra propia frontera.

Hagamos de cuenta que eso no ha sucedido, hagamos de cuenta que todavía tenemos, intacto, ese territorio indómito, personalísimo, hecho de lecturas, escrituras y otras experiencias sorprendentes con las palabras, de donde a algunos nos surgió, cierto día, la idea fantasiosa de ocuparnos especialmente de la literatura.

Tal vez podamos entonces preguntarnos qué y quiénes han querido domesticar lo no domesticable, quiénes fueron los achicadores de nuestra zona liberada. No habrá una respuesta única, ya que es condición indispensable de esta frontera en la que decidimos instalarnos el ser propia e irrepetible, siempre única y en constante transformación. Cada uno tendrá sus cuentas que saldar y sus reproches. Pero tal vez coincidamos en algunos trazos gruesos. Los achicadores suelen envalentonarse a veces, y hasta elaboran teorías generales que, con el tiempo, se vuelven más o menos oficiales y se convierten en fantasmas compartidos.

La literatura cuenta, creo, con tres que son especialmente poderosos y devoradores: la escolarización, la frivolidad y el mercado.

El fantasma de la escolarización es, sin lugar a dudas, todo un clásico. La forma de domesticación más tradicional y prestigiosa de la literatura. Hace centenares de años que se practica. Al menos desde la Contrarreforma, que sentó las bases de la educación europea en el siglo XVI.

La Contrarreforma aceptó conservar los textos de la Antigüedad con la condición de que se convirtieran en "clásicos", es decir: en áulicos. Recurrió para ello al método de la tijera: los *excerpta*, los "trozos", los "extractos". Por un lado los *excerpta* eran un impecable y eficientísimo modelo de censura que permitía conjurar una serie de peligros: las referencias políticas urticantes, el pertinaz paganismo y demás impudicias de griegos y romanos. Por otro lado, domesticaban el acervo, achicaban la frontera, retiraban la literatura del sitio que Winnicott tan afanosamente buscó definir y la instalaban en una zona de trueque, la volvían "útil", la ponían al servicio de la acomodación a las demandas externas.[11]

---

[11] Para una comprensión más profunda de este proceso de apropiación áulica de la cultura que llevó a cabo la Contrarreforma, puede verse el valioso libro de Marc Soriano, *Guide de littérature pour la jeunesse,* cuya traducción al español, *Literatura para niños y jóvenes. Guía de exploración de sus grandes temas,* publicó la editorial Colihue en 1995, en Buenos Aires. Y también Susan Sontag, en el artículo citado ya, habla del papel de la interpretación en el proceso domesticador del acervo cultural.

El progreso se ha hecho sentir –en este terreno como en tantos otros–, y hoy contamos con otras formas variopintas de domesticación escolar de la literatura: selecciones por tema, clasificaciones por edades, agrupaciones por época, cuestionarios, resúmenes, conglomerados varios; manuales, antologías, cuadros sinópticos, encolumnamientos. Tienen la virtud de poner un poco de orden en la frontera indómita. Y de volverla de paso un poco más útil y provechosa. Lo gratuito es siempre un desafío y un descontrol, lo que está demasiado vivo siempre es peligroso. Una buena interpretación psicologista, cualquier versión oficial de "lo que quiso decir el autor" o un cuidadoso análisis del discurso en su plano ilocutivo pueden servir por igual para convertir la literatura, esa especie propia de las regiones indómitas, en una mansa y controlable mascota. Pero no todos los fantasmas responden al mismo estilo.

El de la frivolidad es un fantasma más *light*. Se inició con un eslogan que en su momento fue muy saludable, el del "placer de leer". Se trataba de una exhortación "blanda", que nació, al parecer para contrarrestar los efectos "duros" del fantasma anterior. Rápidamente se lo asoció con "comodidad" y con "facilidad", oponiéndoselo al "trabajo", el "esfuerzo" (y el "displacer") propios de las prácticas de la escolarización.

El placer estaba vinculado estrechamente con el juego, y el descubrimiento del juego había sido, por supuesto, muy valioso. Algo así como el reconocimiento oficial de la frontera indómita, de la zona potencial de que hablaba Winnicott. Sólo que, muy rápidamente, el juego se convitió en consignas de juego. Las consignas, en *actividades*. Y las *actividades* terminaron resumiendo lo que se entendía por juego, mientras, en las bibliotecas, los blandos *almohadones* simbolizaban la facilidad, en contra de los viejos y duros pupitres.

Había hecho su aparición el fantasma de la frivolidad. Y comenzó a remplazarse una auténtica *experiencia de la literatura*, es decir, el ingreso imprevisible del acervo a la propia frontera indómita, por un repertorio variado y pintoresco de consignas de juego y actividades más o menos estructuradas, con las que se buscaba cubrir el vacío.

Pero ni el fantasma tradicional de la escolarización ni el más novedoso fantasma de la frivolidad le llegan siquiera a los talones al fantasma más temible y poderoso: el del mercado y su ley de rédito máximo: lo que vende, manda. Para las leyes del mercado, las fronteras cerriles, todas las fronteras, la de la palabra, la del arte, la de la cultura o, sencillamente, la de la exploración y el juego, resultan francamente irritantes en su estado cerril. Convenientemente colonizadas, en cambio, pueden terminar por ser muy útiles. Domesticados, clasificados, encarrilados, pasteurizados y homogeneizados, los retoños de esos territorios salvajes pueden convertirse en fuente provechosa de ingresos. Al fin de cuentas, el arte, la cultura, la educación, la literatura, los juguetes y el juego también se venden. Para eso están las canonizaciones, las cotizaciones, los prestigios, el *marketing*, la prensa o un buen *editing*, para amaestrar las novelas más díscolas y ajustar título, estilo y hasta desenlace a las demandas del todopoderoso mercado.

Está claro que todo conspira hoy contra las fronteras indómitas; ¿tendrá sentido recordarlas? ¿Tendrá sentido recordar la libertad de un gesto, la libertad del juego, la gratuidad de un poema cuando vivimos, como vivimos, en un mundo saturado y saturador, que nos acosa con sus pantallas, sus condiciones durísimas y sus datos? No es fácil, en estas circunstancias, atrapar uno de esos rayos de sol de los que hablaba Quasimodo o permitirse un juego. Para muchos ni siquiera parece quedar espacio en el bosque: la exclusión los devora antes de que llegue el lobo. Y los demás, los sobrevivientes de la exclusión, no tenemos muy buen aspecto que digamos, se nos ve pálidos por el prolongado enclaustramiento; acorralados, nos limitamos a satisfacer como podemos las exigencias de nuestras subjetividades, consumiendo obedientemente. Del mundo exterior, de la dura necesidad, ya no nos separa sino una falsa frontera, la magra cultura donada, las huecas imaginerías y los fuegos de artificio de los medios de comunicación, que de libres no tienen nada, ya que cuentan, como todo el mundo sabe, con los entusiastas auspicios del mercado.

Está claro que el momento no es propicio, que las circunstancias nos son adversas. Y, sin embargo, o por eso precisamente, yo hablo aquí de ensanchar la frontera, de construir imaginarios, de fundar ciudades libres, de hacer cultura, de recuperar el sentido, de no dejarse domesticar, de volver a aprender a hacer gestos, a dejar marcas. Ilusa, creo que todavía vale la pena aprovechar que al lobo se le ha hecho tarde para jugar un buen juego, dejarse entibiar por un rayo de sol antes de que se lleguen la noche y el silencio.

(La Plata, 1995)

~

¿Si la literatura sirve?

Que diga si la literatura sirve, eso me piden. Trato entonces de levantar algunos hilos de una tela vieja y de tejido muy apretado. ¿Me servía a mí? ¿Y por qué? ¿Cuáles eran los aspectos del intercambio con la literatura que siempre me parecieron infaltables?

En primer lugar la ilusión. La ficción, cuyas reglas yo aceptaba. No sé exactamente de qué manera me fui entrenando a aceptarla, tal vez como prolongación de los juegos de imaginación en que me embarcaba siempre, los muñecos, los disfraces. Me deslumbraba entonces, y me sigue deslumbrando ahora, el simple hecho de la ficción, que se pudiera construir ese artificio erigiéndolo en universo. Que se pudieran usar las palabras que usábamos para nombrar lo cotidiano con otros fines, para construir otro tipo de cosa. De acuerdo con otro tipo de plan. Yo aceptaba ese plan, aceptaba participar de la ilusión plenamente.

Me agradaba, además, la gratuidad de la excursión al imaginario. El hecho de que los cuentos estuvieran vinculados con mi tiempo libre, que nadie me pidiera cuentas ni tuviera que justificar yo el por qué del viaje. Elegir la lectura, indicar que quería *este* cuento y no este otro, me parecía parte de esa gratuidad. Me acuerdo de manosear mis libritos, de ordenarlos en fila, por colores, en forma de naipes, y después elegir el que leería o me leerían. Disfrutaba ejerciendo cierto poderío en ese terreno.

Otra sensación muy intensa era la del tiempo. Como si el acontecer de la narración o de la lectura fuera de otra categoría, tiempo más denso o más lento o más hondo. Esa tensión entre los dos tiempos, el externo, donde sucedía la lectura o la narración, y el tiempo interno de lo narrado –que era el que yo elegía libremente– siempre estaba presente, pero se fue volviendo más aguda con el correr de los años, sobre todo cuando empecé a leer novelas. Tener que abandonar el libro para cumplir con alguna función del otro tiempo (comer, bañarme, ir a la escuela, dormirme) me producía una irritación muy grande, creo que semejante a la que me producía, en la primera infancia, que me interrumpieran un juego. Y, a la inversa, era muchas veces un "blanco" en el acontecer diario, una especie de alto o de suspensión en el tiempo cotidiano (la hora de la siesta, por ejemplo, que me parecía especialmente quieta, algún vacío, incluso cierto aburrimiento), el que permitía o facilitaba el ingreso a ese otro tiempo.

Pacto con la ficción, gratuidad (o libertad, se podría decir también), paso de un tiempo a otro tiempo (o a un tiempo de otra índole) y también una sensación igualmente intensa pero más difícil de definir, más inasible: la sensación de casa, de hueco. Podía estar o no vinculado con una persona. A veces, cuando muy chica, era una persona, por lo general mi abuela. Pero otras veces era un sillón, un lugar de la casa, una postura del cuerpo, una cierta hora del día, el olor del libro, las viñetas, las guardas, cierta sombra, cierta luz, ciertos sonidos, y también situaciones o palabras del propio texto que me resultaban particularmente acogedoras: que empezara con alguien mirando por la ventana o refugiado en alguna intimidad deseable, ciertos "interiores", ciertos nombres, la referencia a un héroe o a ciertas cosmogonías que, por la sola evocación, de inmediato me seducían. No es fácil de explicar, pero tenía la sensación de *estar en mi sitio*, de estar donde tenía que estar en ese momento, de haber llegado a casa. Supongo que esa sensación era la responsable de que fuera tan relectora, de que volviera una y otra vez a los mismos pasajes.

La literatura, sin duda, tenía un efecto poderoso en mí, aunque no podría asegurar que sea igual de poderoso en otros (los escritores tendemos a pensar que la literatura es muy importante porque es nuestro el modo de colocarnos en el mundo). ¿Si la literatura sirve? Creo que sí, a mí me sirvió en la vida. Pero no del mismo modo en que me sirvieron, por ejemplo, las ideas. Las ideas me ayudaron a ordenar el mundo. La literatura me hace sentir que el mundo está siempre ahí, ofreciéndose, no horadado y disponible, que siempre se puede empezar de nuevo.

(Buenos Aires, 1996)

~

Cuerpo a cuerpo

Pienso en una escena doméstica, sencilla: un chico, un grande y un libro de cuentos. Un chico-chico mejor, un chico que todavía no lee, aunque tal vez ya sospeche las letras, en tránsito por su temprana, asombrada y porosa primera infancia.

Lo primero que evoco, como es natural, es personal, la protagonista soy yo misma, y lo que me sucede es anterior al cuento, una especie de protocuento, diría. Mi abuela recoge un piolín del suelo, anuda los extremos, mete las dos manos en el círculo que se ha formado, las extiende todo lo que el hilo le permite y, con las palmas y los dedos, empieza a tejer: hace una cuna. Me enseña cómo quitarle el hilo de las manos transformando la cuna en catre. Mete sus dedos en mi catre y se apropia del hilo, que ahora se convirtió en vías de ferrocarril. Y seguimos: la cruz, la estrella, otra vez la cuna, el catre, las vías, la cruz, la estrella, la cuna. Mi abuela —adulta, casi vieja— y yo —muy niña— estábamos compartiendo algo, que no era un libro todavía pero que era una especie de cuento mudo, un mundo imaginario; habitábamos deliberadamente, porque sí —no podía yo entenderlo de otro modo—, una fantasía.

En la evocación que sigue la protagonista ya no soy yo, aunque formo parte de la escena. El protagonista es mi hijo Diego. Tenía unos tres años. Amaba los cuentos del elefante Babar, de Jean de Brunhoff. La historia comenzaba trágicamente, cuando un cazador mataba a la mamá de Babar, y terminaba cuando Babar, consolado y feliz, ya rey de los elefantes, se casaba con la bella elefanta Celeste. Tenía que leérselo ritualmente todas las noches, cuidando de no cambiar la entonación. Invariablemente, cuando llegábamos a la página donde la imagen mostraba a la mamá de Babar caída y muerta, mi hijo desviaba los ojos del libro –la edición reproducía los ingenuos y muy expresivos dibujos originales del autor–; en ese momento prefería mirarme a mí. Invariablemente también, se detenía morosamente en la última página, que mostraba a los dos elefantes, Babar y Celeste, juntos, de espaldas, mirando una noche estrellada. A veces me pedía el libro, y yo se lo entregaba. Él lo colocaba abierto en esa página sobre la almohada y apoyaba la mejilla en el dibujo.

Nuevo escenario. Esta vez no intervengo, es un recuerdo prestado. Françoise Dolto, luego psicoanalista, era entonces una niñita que no sabía leer. Había un libro en su casa que la seducía más que ningún otro; tenía tapas rojas y láminas fascinantes. Se llamaba *Las babuchas de Abukassem*.

A veces contemplaba yo la cubierta de cartón –cuenta–. Soñaba. Intentaba recordar todos los detalles de una lámina, después abría el libro y siempre me asombraba encontrar la imagen tal como era. En mi recuerdo, los camellos, los asnos, los hombres del turbante, todo se movía, y yo me los encontraba inmóviles. A fuerza de verme hacer la maniobra de abrir el libro, cerrarlo, volverlo a abrir y, sin duda viendo mi expresión, los otros, los grandes, se reían a carcajadas. Sobre todo cuando les contaba mi sorpresa, siempre renovada. Pero Mademoiselle, no. [*Mademoiselle* era su institutriz] Ella me decía los nombres de las cosas: mezquitas, mercado oriental, Media Luna, turbante, caftán, fez, mujeres con velos, palmeras, babuchas. Entonces me parecía bien que las láminas no se movieran, y las miraba con todas esas palabras maravillosas en mi cabeza, y era como si estuviese ahí.[12]

---

[12] En Françoise Dolto, *La causa de los niños*, Segunda Parte, cap. 1: "La iniciación". Walter Benjamin, por su parte, otorga una importancia enorme a ese "cuerpo" del libro ilustrado, que el niño recorre una y otra vez y conoce hasta el último detalle. En "Panorama del libro

¿Puede separarse el cuento mudo que me contaba mi abuela, el de la cuna y el catre, de las manos y del hilo? ¿Puede separarse la historia de Babar, de la página oscura y con estrellas abierta sobre la almohada? ¿O la fascinación de Abukassem, de las tapas rojas y de las palabras que, con paciencia, iba regalando la Mademoiselle a la pequeña Françoise? ¿Es posible separar el cuento de los cuerpos y los escenarios? ¿De las personas que nos ayudan a atravesar la ficción y de los libros donde la ficción puede estar encerrada? ¿Es posible separar la literatura de sus circuitos: de los cuerpos, de los objetos, de los contextos materiales, rituales y simbólicos, de los escenarios donde se actualiza?

Puedo responder por mí, al menos: jamás pude alcanzar ese desprendimiento. He seguido ligada siempre a los aspectos sensibles y materiales que rodean la lectura. Me resulta imposible distinguir la felicidad de mis primeras tardes de lectura, del peso leve y la tapa suavemente cuadriculada de Los Bolsillitos.[13] Ya de grande muchas veces elegí un libro seducida irresistiblemente por la tipografía de su tapa, y todavía disfruto al abrir una novela recién comprada y sentir el olor de la tinta joven.

El cuerpo está ahí. Siempre está, el nuestro y los otros. Personas, objetos, voces, olores, temperaturas, texturas, contundencias. Es desde el cuerpo que nace el misterio y el deseo de descifrarlo. El libro promete o no promete goces, despierta o

---

infantil", un artículo de 1926 incluido en *Escritos. La literatura infantil, los niños y los jóvenes* (Buenos Aires, Nueva Visión, 1989), dice: "Ante su libro iluminado [el niño] practica el arte de los taoístas consumados; vence el engaño del plano y, por entre tejidos de color y bastidores abigarrados, sale a un escenario donde vive el cuento de hadas. *Hoa*, palabra china que significa 'colorear', equivale a *kua*, 'colgar': cinco colores cuelgan de las cosas. En ese mundo permeable, adornado de colores, donde todo cambia de lugar a cada paso, el niño es recibido como actor".

[13] Los Bolsillitos, de Editorial Abril, fueron una memorable colección de cuentos que salía en los quioscos en la década de los cincuenta. La dirigía quien después llegó a ser el más grande editor argentino: Boris Spivacow.

no sospechas, esperanzas, lanza sus anzuelos desde la tapa, desde su peso, su forma, sus colores, sus dibujos. La voz revela o esconde, sobresalta, seduce.

Ha sido así en los comienzos, cuando las palabras eran solidarias con las cosas. Todos tuvimos un instante de cuerpo a cuerpo, algún hueco en la almohada, un atisbo de libro de tapas rojas. La memoria de esos cuerpos, aunque abrumada por el escombro, todavía nos pertenece. Claro que es más fácil jugar el juego del amo y del esclavo que hacer silencio y dejar que se abra la memoria.

(Buenos Aires, 1994)

El destello de una palabra

Lectores y lecturas. El espacio del lector se va construyendo de a poco, de manera desordenada por lo general, un poco azarosa. A veces por avenidas previsibles; otras, abriéndose paso a machete o internándose por senderos recónditos. Eso no quiere decir que haya que optar por una forma de leer o por otra, pero sí significa que hay lecturas y lecturas, y que los lectores se van construyendo de a poco, y que crecen, si todo anda bien, hacia otras formas de lectura. Que hay estadios en los que los lectores son más complacientes –y se complacen más fácilmente, y otros en los que se sienten perturbados y desafiados por el texto. Hay una lectura de almohadón, llamada muchas veces "placentera" –una lectura confortable, previsible, que es la que necesitamos muchas veces–, y otra lectura más sobresaltada, más activa, más incómoda en cierto modo, pero que promete alegrías nuevas.

A esta última, según mi modo de ver, se va llegando muchas veces a fuerza de destellos y relumbrones. Son momentos en los que de pronto, en algún recodo, el texto se nos hace evidente. Del mismo modo en que de pronto, en medio de la vida cotidiana, el lenguaje, que es como nuestra naturaleza misma, el charco en el que estamos sumergidos desde siempre, se nos hace evidente, contundente. Las palabras estuvieron siempre allí, ya que nacimos a un mundo nombrado, pero es raro que nos detengamos a olfatearlas. Son un río constante, un murmullo, una banda de sonido, una música de fondo. Muchas veces las palabras vienen ya empaquetadas

(¿qué tal, cómo estás, tanto tiempo, la familia, los chicos?, nuestro deber en este instante, compatriotas, estamos atravesando una dura crisis, señoras y señores, público en general, silencio, niños, de mi mayor consideración, dos puntos). Paquetes previsibles. Nos dejamos acunar. Las palabras son entonces blandas, seguras, confortables, rodean los rituales y los acontecimientos, amortiguan las aristas de la vida. Sólo que de pronto, alguna que otra vez, de tanto en tanto, recibimos un sobresalto. Una palabra que se nos da vuelta, por ejemplo, una sílaba que se desliza, hace una voltereta, se retuerce, se disfraza y entonces, de buenas a primeras, el lenguaje, tan manso antes, se nos vuelve obstáculo, dibujo, presencia, se hace visible, olfateable, extraño. Se vuelve salvaje otra vez, primitivo, como en los viejos tiempos de la primera infancia cuando resultaba aventurero descubrirlo. A veces se trata de un fallo, o mejor dicho, de una falla, de una grieta. Sucede de pronto y nos toma de improviso. "Qué tal, cómo estás, tanto viento..." "¿Viento?" Yo quería decir "tiempo", no "viento", quería decir "¿qué tal, cómo estás, tanto tiempo?", pero viene el viento y se me vuelan las tejas seguras, se me desata el paquete confortable, se me levanta la pollera de lo establecido, de lo previsible, pudoroso, esperable. El lenguaje me falla, pero, al fallarme, me llama la atención sobre él, me obliga a detenerme sobre su piel, a olfatearlo, a lamerlo, a destaparlo. Son tropezones, zancadillas, y de pronto ahí está en toda su palpitante, su destellante naturaleza, ella: la *palabra*. Bache, pozo, pantano, piedra, grieta, charco, fisura. Un tropezón, un trastabilleo y, de pronto, ya no parece el lenguaje tan manso ni tan conocido. Aparece la palabra indómita, otra vez animal y salvaje, puro bicho sonoro.

En cierto modo, se trata de "la palabra inapropiada", de una palabra equivocada y, por lo tanto, no complaciente. Casi una "mala palabra", según la fórmula con que se alude

70

tradicionalmente a la brutalidad indecorosa de lo inapropiado.

Las palabras inapropiadas y sorprendentes, como las "malas palabras", siempre son escandalosas, descontrolan, ponen en peligro. Y también, a mi modo de ver, iluminan. Recuerdo otro destello, dos palabras nada más en medio de un largo texto aburrido. Tenía once años. Escuela de monjas. Me castigan por hablar en clase, o por reírme, o por no respetar algún retiro espiritual (en realidad no recuerdo el motivo). La penitencia consiste en ir al refectorio (nombre ominoso, incomprensible para mí en esos tiempos, que vinculaba vagamente con "perfectorio" y por lo tanto con las imperfecciones y las culpas). Me aburría. Me aburría infinitamente; la tarde se me hacía inmóvil, inacabable. Me daban permiso para tener un libro en la mano y yo elegí el diccionario. Sin salir de mi rincón de la penitencia, busqué mis dos palabras: "culo" y "teta". No me interesaba el artículo en realidad, lo que quería era ver *escritos* "culo" y "teta" ahí, en medio del "perfectorio". Las leía una y otra vez con cuidado y una vaga sonrisa. Me daba cuenta de que esas letras así ordenadas, en esa breve secuencia, bastaban para hacer temblar las tapas del diccionario, forradas en papel araña azul, con etiqueta, para alterar el ritmo de los pasos que resonaban por el pasillo del convento, para que tambaleara el refectorio todo, mi triste texto aburrido, la penitencia. Eran, en esa oscuridad, palabras violentas y destellantes, y yo me sonreía en secreto y en silencio.

Toda escritura y toda lectura, creo, necesitan como del pan de esos destellos para seguir creciendo, están construidas sobre ese borde peligroso y deseable en el que la palabra esperada y confiable da un súbito giro y se vuelve, de pronto, palabra sorprendente, ese margen en el que el manso colchón verbal con que nos protegemos maternalmente de los golpes de la vida, de pronto cría filo y se vuelve caliente, notable.

En una época en que se insiste a menudo en la facilidad, en que se recomienda el deslizarse apenas por las superficies, en que se pone el acento en lo digerible y lo digestivo, me parece importante recordar que la escritura y la lectura siguen siendo, afortunadamente, zonas indómitas, que tienen sus océanos de familiaridad pero también sus islas de extrañeza, sus territorios tranquilos donde uno se puede dejar arrullar pero también sus márgenes peligrosos, que hay que atravesar audazmente y por la cuerda floja.

No creo que haya ninguna escena que enseñe más acerca de la lectura que la escena inaugural, cuando, perturbados, inquietos y audaces, aprendíamos a hincarle el diente a las letras. Era una escena dramática y escueta, con sólo dos personajes: ahí, la palabra escrita, la palabra cifrada –rara, difícil, dura, verdadero acertijo, baluarte a conquistar– y, aquí, nosotros, con nuestro deseo de penetrar el misterio. Reconocíamos una letra, otra más, una tercera, algunas se nos escurrían, otras nos traicionaban; pegábamos un salto, arriesgábamos una hipótesis, y tal vez dábamos en el blanco... O no, fallábamos y nuestra construcción precaria se desmoronaba, y entonces había que volver a empezar, tanteando, avanzando por la cuerda floja. Nunca más consistente, más corporal que entonces la palabra, cuando debíamos aprender a deletrearla. Apresarla, morder su significado era el gran desafío. Leer no era fácil en esos tiempos, leer era una empresa ardua y arriesgada.

Pero se aprende, el lector toma confianza y va avanzando hacia la próxima etapa. Se vuelve práctico, casi siempre acierta con sus hipótesis y el texto se va desarrollando frente a él como una alfombra bastante blanda. Ya no necesita seguir penosamente el dibujo de las letras con el dedo ni decir en voz alta los sonidos; adquiere velocidad, buen ritmo, silencio. Es más, ya ni siquiera lee todo, letra por letra, palabra por palabra, más bien anticipa. Adivina lo que está por venir, saltea. La comprensión se le hace más fácil. Uno se interesa por el contenido, puede perseguir la trama, identificarse con los personajes... Hay textos sobre los que uno se desliza casi sin roce, textos que, de puro previsibles, se vuelven invisibles, simple ronroneo que se devora sin paladear, ansioso por perseguir la intriga, febril por "saber cómo termina". Por mi parte, he devorado así decenas y decenas de novelas, sobre todo de amor y de aventuras.

En este segundo estadio, el de la voracidad, nada parece interponerse; nosotros, los lectores, nos sentimos poderosos y el lenguaje se nos vuelve transparente, sencillamente desaparece. Y cuando no desaparece lo hacemos desaparecer, salteando párrafos enteros, afanosos por avanzar, por develar la intriga.

Y, sin embargo, de pronto, pocos renglones después de haber comenzado a devorar un devorable *Príncipe Valiente*, colección Robin Hood, tapas amarillas, con muchacho de melena negra y espada en la mano (tengo, creo, nueve años), tropiezo con una palabra que no conozco: "empero". Pregunto, me dicen que equivale a "sin embargo"; "'empero' es 'sin embargo'" me dicen. Pero no me parece igual porque, a diferencia de un "sin embargo" que bien pudo haber habido, el "empero" perdura, no se me ha borrado. La repito por lo bajo. Me resulta una palabra rara que me obliga a un desplazamiento y por un momento me vuelve opaco un texto que, de no haber sido por ese escollo tonto, habría sido bastante chato, creo, sin sobresaltos. "Empero" no era gran cosa, pero era una zancadilla; decido en secreto incorporarla –junto con las "jarcias" y los "trinquetes" (que jamás llegué a saber qué significaban) y los sonoros "sois" y "estáis" de las versio-

73

nes españolas de *La capitana del Yucatán* y *La hija del Corsario Negro*– a mi repertorio de exotismos, con los que me gustaba señalar la entrada a ciertos mundos imaginarios.

Otro día, y a pesar de lo muy ansiosa que estaba por saber si Huckleberry Finn y Jim lograban o no llegar al territorio liberado, me topo con la descripción que hace Twain de las orillas del Mississippi y no la salteo. Es un texto largo y compacto, varios párrafos, lentos y detallados, sin esperanza de diálogo, con algunas palabras, incluso, que no conozco, como "chalupa" y "tocón", pero resuelvo hincarle el diente, y me gusta, me gusta mucho, me da placer detenerme aunque para eso tenga que demorar la continuación de la aventura, o tal vez por eso mismo, porque voy así a demorarla.

Otro día –tenía once o doce años– recojo al azar un libro que no me pertenece. *Una cierta sonrisa*, de Françoise Sagan, leo: "yo me aburría modestamente". Vuelvo a leer, jamás se me había ocurrido que fuese posible aburrirse así: modestamente. Se trata de un adverbio en cierta forma escandaloso.

Pero más abrumador era lo que sucedía con la poesía; los renglones de los versos, la forma de las estrofas me sorprendía aun antes de comenzar a leerlas. Los versos resultaban muy consistentes, muy resistentes, menos pacientes al deslizamiento que las líneas de la prosa; se alzaban ahí en medio de la página como construcciones, como pequeñas ciudades para explorar: "Del rincón en un ángulo oscuro/ de su dueño tal vez olvidada". "Su luna de pergamino/. Preciosa tocando viene /por un anfibio sendero de cristales y laureles". Imposible saltearse una sílaba, todo tironeaba hacia ellas: las inversiones caprichosas, el ritmo... "San Cristobalón desnudo /lleno de lenguas celestes /mira a la niña tocando /una dulce gaita ausente". Los ojos se me enredaban en las lenguas esas –celestes, para mayor sorpresa–, imposible obligarlos a deslizarse hacia adelante. Leer, releer, deletrear, como cuando estaba apenas aprendiendo (¿sería un retroceso?): las palabras se me interponían. El texto volvía a ser contundente.

Sorpresas, zancadillas, fisuras, palabras no esperadas, novelas de caballería que se vuelven parodia, mensajes cifrados, claves ocultas escondidas detrás de los textos, desafíos, cadencias, bromas.

En fin, otras lecturas, y un lector que va creciendo, se torna más protagónico y ya no se limita a devorar intrigas sino que más bien degusta y paladea. Más flexible, más dispuesto a desviarse si el texto promete un descubrimiento. Más astuto, menos "digestivo", más difícil de contentar, hasta feroz de a ratos. Un lector al acecho. Uno de esos lectores perturbables y perturbadores que hacen que la escritura valga la pena.

(San José de Costa Rica, 1996)

~

El placer de leer:
otra vuelta de tuerca

Los que lidiamos con la escritura solemos desconfiar de las frases publicitarias, las máximas, los eslogans, los refranes, las consignas, las muletillas y, en general, de toda forma de lenguaje congelado. Imaginamos que, cuando las palabras se endurecen en una fórmula, cuando dejan de ir y venir, de buscarse, blandas, por entre los repliegues del cuerpo de un texto, cuando se vuelven estatua, seguramente nos están haciendo trampa. Tememos que ya no sirvan para mostrar sino para ocultar, que sean engañosas. Nos da pena que dejen de ser los animalitos silvestres que eran para volverse trinchera. Y suponemos que, cuando eso sucede, tal vez sirvan para aplastar, para combatir o para defenderse, pero ya no más para decir. Al fin de cuentas se sabe de muchas palabras-trinchera que se convirtieron en cárcel y de muchas palabras-bandera que terminaron ahogando en un abrazo mortal al propio abanderado. Por eso pensé que ésta podía ser una buena oportunidad para sacudir algunas de esas mantas duras que echamos encima de las cosas.

Me interesa aquí sobre todo una fórmula, un eslogan que ha venido recorriendo la educación, formal y no formal de estos últimos años: "el placer de leer". Estoy segura de que a todos resulta familiar; en cambio, no estoy tan segura de que les traiga resonancias, de que les *signifique*, de que les *diga* cosas. Sé que lo van a reconocer de inmediato y que, de inmediato, sin el menor titubeo, lo van a "clasificar" como perteneciente a cierto paradigma educativo –y no a otro–, como propio de

77

ciertas personas, de ciertos discursos –y no de otros–, que lo van a vincular con ciertos libros, ciertos ensayos… No sé, en cambio, si todavía podrán reconocer como palabras, las palabras que están ahí encerradas. "El placer de leer" es fórmula, y fórmula muy sólida, muy soldada. Admito entonces que lo que les propongo que hagamos aquí implica alguna violencia, supone des-soldar lo soldado, y eso nunca es fácil. No es una propuesta caprichosa, creo; es necesaria, porque –y vuelvo a lo del principio– las palabras no sólo se sueldan entre sí, sino que se sueldan alrededor de nuestro pensamiento, y terminamos convirtiéndonos en prisioneros de ellas.[14]

Para empezar –es un buen ejercicio de lectura– propongo que tratemos para nuestros adentros de arrimar a esa cajita tan bien cerrada –"el placer de leer"– la mayor cantidad posible de ideas afines. Es un modo de rodearla para después tomarla por asalto. Por mi parte, voy a enumerar, sin criticar, algunas ideas que suelo encontrar asociadas de manera bastante cristalizada con la frase de nuestros desvelos. Con "el placer de leer" vienen siempre "comodidad", "facilidad", "diversión", "humor", "buen humor", a veces –sólo a veces– "elección", "libertad"… Con el consiguiente dibujo de un universo opuesto donde están reunidos la incomodidad, el esfuerzo, la preocupación, el rigor, el deber, la disciplina, etc. El orden de la enumeración de las ideas asociadas no es

---

[14] "El placer de leer" es el título del famoso ensayo en que Roland Barthes busca fundar –según sus propias palabras– "una erótica del texto, de la lectura, del significante". Su definición, sin embargo, se ocupa de diferenciar placer y goce:

> Nada hay más cultural, y por lo tanto más social, que el placer. El placer del texto (que opongo aquí a goce) está ligado a todo un aparato cultural, o, si se prefiere, a una situación de complicidad, de inclusión (bien simbolizada por el episodio en que el joven Proust se encierra en el gabinete de los senderos de iris para leer allí sus novelas, apartándose del mundo, encerrado en una suerte de paraíso). El goce del texto, en cambio, es atópica, asocial; se produce de manera imprevisible en las familias de la cultura, del lenguaje; nadie puede dar cuenta de su goce, ni clasificarlo. ¿Una erótica de la lectura? Sí, con la condición de que no se elimine nunca la perversión, y hasta diría: el miedo.

del todo arbitrario: creo que en general la "comodidad" y la "facilidad" tienen una presencia más clara que la "elección" por ejemplo, y muy pero muy a menudo derivan en "comodidad física"; el símbolo han sido, ya se sabe, los almohadones –"lo blando"–, opuestos al símbolo "duro" de los pupitres.

El "placer de leer" ha sido la bandera de una campaña necesaria, de una empresa honrada; se trataba de rescatar la lectura de los cotos cerrados y poco aireados en que estaba encerrada, aflojándole el corset, soltándole las trenzas, permitiéndole andar sin zapatos, propiciando en cierto modo el regreso a una "lectura natural", a la lectura espontánea, a la codicia autónoma del texto. Absolutamente saludable y necesaria ventilación –insisto–, que se insertaba, por supuesto y como sucede siempre, en cambios de actitud más amplios, en muchos gestos nuevos.

Muy especialmente, a mi modo de ver, se ligaba con el rescate del juego como sede natural del aprendizaje. Me refiero a que, en la raíz de la exhortación al placer de leer está el descubrimiento del juego, y que ambos conceptos han hecho carrera juntos. Presuponen, a su vez, una asociación "natural", nunca cuestionada, entre "juego" y "placer", opuestos, otra vez, a "trabajo" –o "esfuerzo"– y "displacer".

Rápidamente se soldaron unas palabras a otras, unos conceptos a otros, con lo que fueron perdiendo la fuerza revolucionaria que tuvieron en sus comienzos. La valorización del juego como constructor de la inteligencia –que sacudió las estructuras con fragor semejante al producido en su momento por el psicoanálisis y tuvo tan extraordinarias y apasionantes consecuencias en la educación y en la epistemología– derivó muy pronto en consignas. Y las consignas se endurecieron sobre muchos deslizamientos semánticos en los que nadie pareció reparar en los momentos de euforia.

Deslizamientos semánticos, resbalones en los significados y en las connotaciones que derivaron a su vez en cambios de denotación (porque es fácil que uno empiece matizando una palabra y termine hablando de otra cosa). Lo que se nota aquí es un deslizamiento dentro de los significados de algunas de estas palabras clave que hemos tomado de protagonistas: "juego", "placer", "lectura". Me gustaría repetir en cámara lenta algunas pequeñas traiciones. Por un lado, hay un deslizamiento modal, de actitud del emisor con respecto al receptor, digamos. A la enunciación –indicativa– de que los niños juegan, y de que, cuando juegan, se construyen, siguió primero una apelación: "entonces ¡juguemos!" y luego un pasito más hacia la orden, el franco y desembozado imperativo: "hay que jugar", "inventen juegos". La primera patinada, entonces, fue del indicativo al imperativo, de la enunciación a la orden, de la ciencia a la normativa.

Simultáneamente con esta pirueta de los modos verbales, que fueron de la constatación de un hecho –y el consiguiente deslumbramiento por el hallazgo– a la didáctica, se produjo otro deslizamiento paralelo, esta vez en el significado de la palabra misma, en su "jugo connotativo", digamos. El juego, que es en la infancia una actividad no solemne, claro está, pero sí perfectamente *seria*, en la que el que juega busca construirse un lugar en el mundo, de a ratos en forma gozosa –dominándolo–, de a ratos explorando casi a ciegas, buscando, o purgando tristezas, o anticipando temores, o enmendando faltas, pasó a ser el juego *juguetón*, el juego sin compromiso ni consecuencia.

Grave, imperdonable deslizamiento.

¿Quién que haya visto jugar a un niño dejó de notar su absoluta entrega? Cuando un niño juega, se le va en ello la vida. El juego tiene riesgo, no es un simple pasatiempo. De ahí al juego juguetón, a la consigna de que "la cuestión es pasarla bien, divertirse" hay un trecho y un pozo.

Es en este contexto de pequeños deslizamientos y pequeñas traiciones que se inserta, me parece, la cuestión de la lectura placentera, del "placer de leer", al que intento aquí dar una nueva vuelta de tuerca, con la esperanza de que nos depare nuevos significados.

¿En qué consiste el placer que me depara un poema, por ejemplo el soneto de Quevedo acerca del triunfo del amor sobre la muerte?[15] Esas líneas no me hacen reír; me hienden. No me acarician. No me llevan de la mano ni me resultan fáciles, hay muchas contorsiones, claves ocultas, asombrosos encabalgamientos. Me exigen más bien y me sobresaltan. Y sin embargo, o por eso, me hacen gozar. Me gusta que me atraviesen y se queden ahí en su apasionada promesa de inmortalidad. Me gusta que no se consuman, que no se me agoten en la lectura, que me dejen la sensación de que puedo seguir mascándolas y robándoles los jugos secretos para

---

[15] Una nota al pie es un lugar tan bueno como cualquiera para recordar un soneto inolvidable:

Cerrar podrá mis ojos la postrera
sombra, que me llevare el blanco día,
y podrá desatar esta alma mía
hora, a su afán ansioso lisonjera.

Mas no de esotra parte en la rivera
dexará la memoria en donde ardía;
nadar sabe mi llama la agua fría,
y perder el respeto a ley severa.

Alma, a quien todo un dios prisión ha sido,
venas, que humor a tanto fuego han dado,
médulas, que han gloriosamente ardido,

su cuerpo dexarán, no su cuidado;
serán cenizas, mas tendrán sentido.
Polvo serán, mas polvo enamorado.

siempre (lo he venido haciendo en los últimos treinta años y confío en seguir haciéndolo hasta el final).

Me pregunto si el placer de la comodidad, el placer blando como un almohadón que evocábamos al principio, deja sitio para un placer como éste que me produce el soneto, el placer con desafío, propio del lector que acorrala un texto y lo toma por asalto y lo penetra –y es penetrado por él– una y mil veces, porque el misterio sigue estando, resiste.

Y, como lo que me he propuesto hacer aquí no es cómodo sino incómodo, no es simple sino complejo, voy a dejar suspendida la grave pregunta acerca del placer que me suscita el poema, para hacer un rodeo y volver a la cuestión desde otro sitio.

Ensayo otro camino y busco llegar al "placer de leer" pasando por el "placer de escribir" –si es que ese animal existe–, porque me parece que uno puede iluminar al otro. Voy a intentar describir algún momento de la escritura que uno pueda llamar "placentero" o, mejor, "gozoso", porque hay pocas zonas serenas. Los mejores momentos se producen, creo, cuando llego a zonas no planeadas de antemano (necesariamente se llega a zonas no planeadas en la escritura) y las atravieso bien montada en las palabras, cuando no hay astillas ni corcovos ni leches agrias, cuando el texto no sólo "suena bien" sino que "suena con música verdadera". A veces predomina la sensación de poder, el dominio sobre las palabras. Los casos de la sátira, la parodia o la ironía son dominantes y dan gozo. Otras veces predomina la búsqueda por zonas boscosas, poco iluminadas, donde se va a tientas entre las palabras; ahí se goza cuando se encuentra.

No me gustaría dejar la sensación de que la escritura es algo mágico o místico, no lo es. Es un oficio, sólo que se ejerce sobre una materia muy escurridiza, las palabras, que ofrecen resistencia y que, como contienen en ellas toda la cultura, conducen a sitios insospechados; esa cuota de exploración y riesgo asocia la escritura con el juego infantil, con sus gozos y sus sombras. El que escribe, como el niño que juega, busca. Busca construirse. Ensaya formas de dominio sobre el universo de las palabras, que le ofrece resistencia, del mismo modo en que el niño que juega ensaya sus dominios, construye lo propio y trata de domesticar al mundo. Se goza cuando se encuentra, aunque lo que se encuentre no sean a veces más que otros caminos para seguir buscando. Para el escritor su escritura, como para el niño su juego, son cosas perfectamente serias.

Jugar. Escribir. Y leer.

Leer es, en un sentido amplio, develar un secreto. El secreto puede estar cifrado en imágenes, en palabras, en trozos privilegiados de ese *continuum* que llamamos "realidad". Se lee cuando se develan los signos, los símbolos, los indicios. Cuando se alcanza el sentido, que no está hecho sólo de la suma de los significados de los signos sino que los engloba y los trasciende. El que lee llega al secreto cuando el texto *le dice*. Y el texto, si le dice, entonces lo modifica. El lector entra en relación con el texto. Es él el que *le hace* decir al texto, y el texto *le dice* a él, exclusivamente. Lector y texto se construyen uno al otro. Jugar, escribir y leer tienen, parece, algunas cosas en común.

Y no creo que haya que desprender los ejemplos más elaborados de lectura de las formas elementales de la alfabetización. Leer es leer a Joyce, y *también* descifrar con esfuerzo una palabra. Son sólo momentos, y tienen mucho más en común que diferencias.

El texto que está ahí para el primer desciframiento (misterio inicial).

El texto (descifrado) que dice.

Y el texto (por fin leído) que *nos* dice. Que entra en diálogo con lo que somos y, por lo tanto, nos modifica.

Pensemos por un momento en lo que ha sido la lectura en nuestras vidas, sin dejar afuera ni al que somos ni al que fuimos. Incluyamos al lector del bello soneto de Quevedo, pero también al pequeño héroe que está atravesando el arduo bosque de la alfabetización y avanza con una mezcla de audacia y de cautela sobre el renglón escrito, sosteniéndose en el dedo para no caerse en el caos, topándose con letras fáciles y con letras peligrosas, con señales que reconoce de inmediato con una sonrisa y con otras que le envían mensajes confusos, que lo sumen en el desasosiego, pero que por fin –arriesgando a veces una apuesta– termina por conquistar, para su gozo.

¿Quién dijo que leer es fácil? ¿Quién dijo que leer es contentura siempre y no riesgo y esfuerzo? Precisamente, porque no es fácil, es que convertirse en lector resulta una conquista. Precisamente, porque no es fácil, es que no es posible convertirse en lector sin la "codicia del texto". Si leer fuese sólo vivir entre almohadones, los planes de lectura y otros afanes no tendrían el menor sentido. ¿Hizo falta alguna vez convencer a la gente de que la descansada contentura es una gran ventaja? En cambio, nos desvelamos por provocar la "codicia del texto". Sabemos que sólo ella justifica el esfuerzo. Que leer vale al pena para develar el secreto. Y, sin embargo, antes de empezar a leer, el secreto está bien encerrado. ¿Cómo saber si es codiciable? Es codiciable, precisamente, porque lo único que promete es la lectura –el juego–, es decir, promete dejarse construir si dejamos que nos construya, promete decirnos algo.

¿Hay tanta distancia entre la lectura incipiente del que busca el sentido perdido en el mar de los signos y la lectura del lector formado que, desafiado por un texto, busca penetrar en él por diferentes puertas? ¿No son, los dos, buscadores de tesoros, de secretos, no corren los dos sus riesgos?

Vuelta atrás, entonces, para revisar el juego juguetón, el almohadón como símbolo y la facilidad como bien supremo. Y permítanme intentar una vuelta más de tuerca. ¿Qué se traerá bajo el poncho ese "placer de leer", al parecer tan manso e inocente, tan amable, tan atractivo, tan blando, tan muelle si se lo contrapone al rigor de "la letra con sangre entra"?

Convengamos que la facilidad y la comodidad, que ya identificamos como compañeras inseparables de la consigna en su curso corriente, excluyen todo riesgo. Si es fácil y cómodo, no hay peligro. Y un paso más: si no hay peligro, es porque todo está bajo control, porque todo está controlado. Es curioso, pero terminamos llegando por otro camino al mismo punto. Habíamos salido al rescate de la lectura porque estaba encerrada en cotos poco ventilados y resulta de nuevo "controlada", y entonces "encerrada", trenzada, encorsetada... Es curioso, pero no es extraño. La "facilitación controlada": ¿era ése el espíritu de los comienzos?

Llegados a este punto en el que, insólitamente, hemos juntado al juego, la escritura, la lectura, el placer, el almohadón, la sangre que ayudaba a entrar a la letra, Quevedo, los goces y los desvelos del novato de primer grado, más algunos otros ingredientes que tienen que ver con nuestra vida cotidiana, tal vez hayamos terminado por des-soldar algunas cosas soldadas, abrir algunas ranuras o, al menos, introducir inquietud donde antes había sólo complacencia.

Y, llegados a este punto, exactamente a este punto –lo sé–, comenzará el clamor por nuevas certezas, el ruego porque aparezcan máximas, otro eslogan, consignas, refranes, muletillas que hagan más fácil la vida, ya que es muy difícil vivir sin ellas. Es en este punto también donde asumo las consecuencias de defraudar a los rogantes. Tal vez no haya modo de sobrevivir sin fórmulas nuevas, pero no seré yo quien las otorgue. Y no por pereza, por no pensar más, sino, precisamente, porque no hay más remedio que seguir pensando. Y leyendo también, que es una actividad bastante más aventurera que un almohadón, por suerte.

(Córdoba, 1991)

~

Ilusiones en conflicto

Literatura y escuela. ¿Qué lugar ocupa la literatura (podríamos decir el arte simplemente, si no fuera porque la literatura tiene la particularidad de estar hecha de palabras) en la vida de las personas (en la vida de los pueblos), y qué lugar ocupa en la escuela? ¿Es un lugar *semejante funcionalmente*, de manera tal que se podría decir que quien entró en tratos con la literatura dentro de la escuela está mejor preparado para entrar en tratos con ella *fuera de la escuela*, en otras circunstancias de su vida? ¿O se trata de funciones por completo diferentes? ¿El contacto con la literatura en la escuela induce, prepara, ensancha, promueve, energiza, despierta el contacto con la literatura en la vida diaria? ¿O la función es otra, sucede en un teatro ajeno, donde a la literatura sólo le cabe un rol menor en otra obra –también achicada últimamente– y no en la propia? ¿Ha habido corrimiento? Y, en ese caso, ¿cómo se produjo? Por otra parte, ¿vale la pena que la escuela se ocupe de este asunto de la literatura? Y, en ese caso, ¿qué le corresponde, brindar un "servicio mínimo", tanto como para salvaguardar el famoso asunto de la "igualdad de oportunidades", o más bien ocuparse de abrir la puerta del derecho grande a transitar por la cultura? ¿Vale la pena que la literatura se ocupe de este asunto de la escuela? ¿Tiene algo que decir la literatura cuando de educación se trata? ¿Dónde radica el malentendido?

La literatura, y el arte en general, esté o no esté hecho de palabras, pertenece a lo que Winnicott llamó la tercera zona, la de las construcciones simbólicas, la de las grandes consolaciones y el juego, esa frontera entre el yo y el mundo que no es puro yo ni puro no-yo sino otra cosa, especie de territorio liberado, el lugar donde se dejan las marcas, donde se ponen los gestos. Se escribe un cuento, se lee un cuento para habitar, precariamente, ese borde. El juego, la literatura, el arte en general no están –básicamente– para actuar sobre el mundo, ni están –básicamente– para satisfacer las necesidades del yo; el juego, la literatura, el arte en general *están para estar*, valen en tanto son construcciones en el vacío, en el fondo son pura pirueta, pura marca. Aun cuando, por el solo hecho de estar, acarreen tantísimas consecuencias secundarias sobre el destino del yo y sobre el destino del mundo y formen parte necesaria de su funcionamiento. Y aun cuando sus soportes –y esto es algo que hay que subrayar para no pasar por místico o ingenuo–, es decir, los libros, por ejemplo, y todos los circuitos que lo rodean (suplementos y revistas, editoriales, seminarios, cátedras, congresos, etc.), formen parte de las condiciones del mundo y de la lucha por el poder, simbólico y económico, de grupos y de personas. Los libros pertenecen a la vez a varios campos. La literatura, en sí misma, pertenece al orden del arte en general –que, por supuesto, es muy complejo–, y, yendo hacia lo más sencillo, al orden primario del juego, como el trapo que se vuelve muñeca, como el palo de escoba que hace de caballo.

Sólo que la literatura está hecha de palabras y eso la complica con otros asuntos. Está atravesada por la lectura y por la escritura, que son otra cuestión, y cuestión central de la escuela. He aquí una de las fuentes del malentendido. Ambas se ocupan de las letras y, sin embargo, digámoslo una vez más, *la literatura es sapo de otro pozo*. No es una especie natural de la escuela, aunque sea bueno, y hasta extraordinariamente bueno, que la escuela le haga un sitio. En el fondo la literatura es una extraña, una forastera, una rara, nativa de otros campos. Muchos desentendimientos derivan de no reconocer este hecho, tan sencillo en el fondo, de la diferencia.

A la escuela la sorprende y la sobresalta la literatura, no sabe bien dónde ponerla, qué hacer con ella; a veces parece que la llevara en brazos como un paquete engorroso, trastabillando con él, dejándolo caer por cualquier sitio.

Y creo que a la literatura también la ha sorprendido primero, complacido luego y desconcertado por fin esta súbita invitación a las aulas de que ha sido objeto.

Me traslado ahora a la esfera de los acontecimientos que hemos podido registrar en fechas recientes. Fue la escuela la que le abrió las puertas a la literatura. Un gesto amplio, seductor y deslumbrante, especialmente en su primera etapa –la versión más generosa–. Sucedió en los años ochenta, cuando la lectura parecía desahuciada. Primero unas pocas y después muchas, cada vez fueron más las escuelas decididas a embarcarse en un camino que algunos maestros pioneros habían venido propiciando desde siempre: los cuentos, los mundos imaginarios abrían zonas insospechadas; para formar lectores había que multiplicar los encuentros "placenteros" (una palabrita que después trajo lo suyo) con el libro. Se abrieron puertas y ventanas y, de pronto, ahí estaba la literatura infantil tan pimpante en medio de los pupitres. Y no una literatura infantil vecina a la escuela, una escuelita autoportante de buenas costumbres, con sus historias de niños o animalitos desobedientes o haraganes o egoístas y sus graves o triviales moralejas, no un sucedáneo de los libros de lectura sino *una literatura con ilusiones de literatura y no de escuela*. Venía de otros cotos: el tiempo libre, la hora de irse a dormir, los fogones, las reuniones de amigos, los juegos imaginarios, el libro atesorado, las vacaciones, la soledad privada, los disfraces secretos, el recreo. Y de pronto la escuela, con sus fuertes tradiciones, la escuela, que siempre tuvo sus discursos específicos, sus rituales y su recorte particular de los bienes culturales, acogía a esta especie de otros territorios y la incluía en su repertorio. Fue toda una novedad y, repito, un gesto valiente por parte de la escuela, que se abrió para acoger lo heterogéneo, un gran gesto.[16]

La recién llegada venía de la mano de maestros y bibliotecarios inquietos, por lo general buenos lectores, dispuestos al humor, a la fantasía nueva, a la ironía, a la irreverencia de la palabra, y resultó eficaz. Trajo cambios, variedad, nuevos aires. Y, además, funcionaba. Tenía consecuencias en el territorio de la lectura. Insuflaba aliento a los lectores desanimados, robustecía a los lánguidos y hasta produjo la resurrección de algunos que ya se daban por muertos. Y, lo que es más importante, despertaba en los analfabetos la codicia del texto: leer valía la pena si con eso se podía entrar en el territorio de los cuentos. Y ahí quedó, en medio de los mayoritarios y necesarios discursos escolares, ese engendro bastante inclasificable, tan propio del tiempo libre como el juego pero sin duda más ambicioso, que estaba hecho de palabras, como los libros de estudio, pero que era evidente que obedecía otras reglas, que tenía sus propias ilusiones.

Un bicho raro, en fin, que producía asombro y goce pero también perplejidad y desasosiego. Para muchos –posiblemente no fueran tan lectores como los pioneros de la experiencia, tal vez no estuvieran tan seguros del lugar de la literatura adentro de sus propias vidas– no quedaba claro qué había que hacer con ese inquilino algo esquivo a las rutinas.

---

[16] En la Argentina, el final de la dictadura militar y el regreso a los gobiernos democráticos encontró a la literatura infantil en un estado de brote interesante. Los nuevos textos –que incluían temas nuevos y un lenguaje nuevo y que, sobre todo, provenían del campo de la literatura y no de la pedagogía– fueron acogidos y desempeñaron un papel notable en los replanteos educativos.

¿Cómo controlar sus efectos, por ejemplo, cómo evaluarlo? Lo heterogéneo picaba y creció el afán por domesticar lo diferente, por ponerlo al servicio de otras ilusiones. Más o menos entonces se terminó el idilio y comenzó el conflicto. Quise instalarme en este momento histórico, aun cuando la escolarización de la literatura es algo muy viejo, porque es un caso en que se completó, en muy poco tiempo, todo un ciclo ejemplar: de la diversidad a la homogeneidad, de lo casual a lo reglado, de lo global a lo fragmentario, de lo gratuito a lo aprovechable, de la pasión a la acción.

Antecedentes hay muchos. El más famoso es seguramente el de la Contrarreforma, cuando aceptó conservar los textos de la Antigüedad con la condición de que se convirtieran en clásicos, es decir, en áulicos, y recurrió para ello al método de los *excerpta*, los trozos o extractos, la fragmentación censurada, verdadera regla de oro, según el eterno "divide y reinarás". De ahí en más se multiplican los ejemplos. Siempre ha habido fragmentos literarios que sirvieron como modelos retóricos, como avales o excepciones de una norma, o que se entregaron mansamente a análisis sintácticos más o menos impiadosos (recuerdo que en mis tiempos Juan Ramón Jiménez era una fuente inagotable de unimembres): hay que reconocer que, a veces, hay paisajes de la literatura que parecen venir como anillo al dedo. Todo eso forma parte del folklore de la escuela. Pero este caso fue diferente, por eso me detengo en él. En este caso hubo –hay, ya que se trata de un proceso en marcha– algo más complejo: un conflicto de ilusiones y de campos. Y allá, en el fondo, la gran cuestión de qué se entiende por educar.

De la diversidad a la homogeneidad, de lo casual a lo reglado, de lo gratuito a lo aprovechable, de lo global a lo fragmentario, de la pasión a la acción. Un veloz proceso en el que han intervenido las fuertes tradiciones didácticas de la escuela, las distintas exigencias de un mercado cuyas reglas son más que nunca la homogeneización y el encarrilamiento, y las fluctuaciones de una literatura dispuesta a someterse, al menos en parte, a esas exigencias.

De la diversidad a la homogeneidad. Lo que inicialmente había sido un fárrago sin reglar, libros gordos y flacos, altos y bajos, con dibujos y sin ellos, nuevos y viejos, distintas voces que viajaban de frontera a frontera, para regresar a esa tercera zona de la que no debemos separarnos, de lector a lector, generando lecturas múltiples, diversas, se vuelve colección, serie, paquete organizado. Clasificación por edades. Por temas. Por tonos. Lecturas inducidas. Recomendaciones editoriales... Y mansedumbre por responder a ellas. Una organización del campo, en última instancia, pero que revierte sobre el campo, que tiene sus consecuencias.

De lo casual a lo reglado y de lo gratuito a lo aprovechable. Lo que empezó siendo una frecuentación más o menos casual y en todo caso gratuita, libros que traía en la mano un maestro o un bibliotecario lector, libros que estaban ahí, simplemente, al alcance de la mano –la mesa tendida–, que se compartían y comentaban con sencillez, pasó a depender de instructivos muy estrictos, a rodearse de rituales y a ser materia de usufructo regular, es decir, género escolar aprovechable.

De lo global a lo fragmentario. Lo que parecía un bagaje inacabable, el acervo total, un *continuum* de libros que llevaban a otros libros, títulos nuevos y recordados títulos viejos, autores de aquí y de allá, autores vivos y autores muertos, extrañas alianzas entre palabras que hacían flotar de un sitio al otro del gran repertorio a los lectores, fue acotado y fragmentado de maneras diversas. En un segundo momento, como culminación de la fragmentación, el libro de texto, el manual –habitante natural de la escuela, protagonista indiscutido de su circuito–, incorpora a sus páginas buena parte de la literatura que antes andaba por ahí suelta. De ese modo le rinde homenaje y, al mismo tiempo, la devora. Muchas veces llega acompañada de cuestionarios, comentarios y hasta, en algún caso, *adaptaciones* del texto original, agregando así un *plus* de rehomogeneización de lo antes homogeneizado y fragmentado.

De la pasión a la acción. Como si esto fuera poco se paga el tributo al activismo, propio de ciertas ilusiones escolares, y la lectura (la pasión) debe apartarse para dejar paso a la acción. Las actividades, el movimiento, los productos. La acción (siempre bien vista en la escuela) llega a tiempo para justificar la oscura pasión de la lectura. Leer un cuento, una novela, mas rara vez un poema, se fue convirtiendo en rápida y cada vez menos paladeada excusa para maquetas, murales, dramatizaciones, renarraciones y diversas acciones destinadas, en el fondo, a demostrar que el cuento, la novela, el poema en cuestión no eran tan inútiles como parecían, puesto que, vean ustedes, señores, han servido para todo esto. Mucho trabajo, e hiperactivadas ferias del libro donde hay ocasión para todo, menos para vérselas a solas y en silencio con un libro. Y es que la literatura da para mucho: ese costado de *mimesis*, como diría Aristóteles, que tiene, la convierte en herramienta utilísma a la hora de abordar los llamados temas transversales. Una instrumentación que me permito calificar de grave: se corre el riesgo de que terminen eligiéndose las lecturas por su adecuación a esas necesidades de actividad permanente, que se terminen eligiendo obras mansas y "llenas de temas útiles" –herramientas para todo uso, que resultan tan baratas–, exprimibles hasta la última gota, pero mediocres o decididamente falsas, sin valor literario alguno, y que la nueva literatura sólo encuentre canales de publicación en tanto cumpla mansamente con ese rol de auxiliar docente.

El ciclo se cierra cuando la literatura pasa a ser, por fin, un discurso más, el bloque 4, el módulo 3, el capítulo 13, un *item* dentro del terreno de la lingüística, o de la lectoescritura, o de la retórica... Por fin todo en su sitio.[17] El *discurso literario*, así se le llama. Se trataría de un "modelo discursivo", con sus particularidades, su retórica, sus mohines, la construcción del imaginario es un ingrediente más, un aditamento, tal vez incluso un adorno. Estaría el discurso argumentativo, el informativo, el epistolar... y el literario. Sólo que ¿cómo descubrirle las mañas al "discurso literario"? ¿Será el que tiene más metáforas? ¿El más retórico? ¿El más subjetivo? ¿O más bien el que acumula más apelación a los sentidos? ¿El que tiene principio, medio y fin, personajes principales y secundarios, métrica y rima, descripciones y diálogos? En rigor, como todos sabemos, no es tan sencillo. Por ejemplo, a alguien se le podría ocurrir la idea de escribir una receta de cocina para fabricar dragones y Cortázar hizo una "Carta a una señorita en París" que trataba de la nauseosa superabundancia de conejos y terminaba en un suicidio; se podría redactar un comunicado de prensa muy escueto, formalísimo, dando cuenta del operativo comando que culminó en el asalto de las hormigas coloradas al cajón sur de la alacena, y se han escrito jitanjáforas, cadáveres exquisitos, utopías, sueños —así los llamaba Quevedo—, esperpentos...

---

[17] Las famosas funciones de Jakobson (expresiva, conativa, referencial, fática, metalingüística y poética) terminaron por conformar en la escuela una especie de "doctrina finalista". En un popular manual de lengua se lee: "Usamos el lenguaje en forma de conversaciones, cartas, recetas, cuentos, novelas, avisos clasificados, historietas y anotaciones. En todos estos casos el lenguaje sirve para lograr algo: expresar, informar, enseñar, pedir, convencer, deleitar". La literatura (llamada aquí "cuento" o "novela") pasa a ser un "ejemplo de uso del lenguaje". Sin embargo, esta postura olvida lo que es esencial a lo literario: la ilusión. En rigor, la poesía no comunica: es, está. Como dice Etienne Gilson: "el verso está ahí para impedir hablar al poeta". El escritor comunica su obra al lector, pero el texto en sí —lo que se llama "el discurso"— es pura ilusión, los dichos de un narrador imaginario, fantasmal, que se dirigen a un lector también fantasmal e imaginario. En el fondo, un trato entre fantasmas.

No son asuntos sencillos y hay confusión, otra vez. Porque la literatura es algo más –o algo menos– que un discurso diferente; todo esto es más bien un asunto de pragmática. Se trata de que, sencilla y diferentemente, la literatura ocupa *otra clase de lugar* en la vida de las personas; es verdad que hay emisor, receptor, mensaje..., pero en el fondo es todo un juego; la literatura está fuera del discurso, instalada en la magra frontera de libertad que hay entre la subjetividad y el mundo. Está ahí acompañada por el arte todo, por el equipaje simbólico de la cultura y por el juego. Al margen del mundo y también al margen de quienes se embarcan en ella, en los márgenes, justamente. En la tercera zona. Es su pertenencia a esa tercera zona la que le otorga independencia. Lo que no quiere decir, por supuesto, que no guarde relación con el mundo y la sociedad o con el individuo y su subjetividad. Justamente está en la frontera, en el camino de los intercambios. Tampoco quiere decir que sea floja, divagante, sin reglas. Tiene sus reglas, rigurosas reglas de construcción y coherencia, y reglas, además, que la ligan a la literatura toda, a las tradiciones y a las rupturas, a distintos grupos, a la cultura y al arte. No quiere decir que sea inocente tampoco. Pertenece a la sociedad y de un modo u otro la refleja. Pero tiene *sus* reglas. Otras. Y sus ilusiones. Yo hablo por ellas. La escuela, por su parte, tendrá que reflexionar acerca de cuáles son las suyas, si ilusiones grandes de abrir la puerta a otras ilusiones, las de la cultura, por ejemplo, las de la ciencia, o ilusiones más mezquinas de recortar trozos del mundo para manso consumo y pequeño servicio.

(Buenos Aires, 1995)

∼

Del peligro que corre un escritor de convertirse en Símil Tortuga (en especial si escribe para los niños)

La escena pertenece a *Alicia en el País de las Maravillas*, por supuesto, y es una de las más crípticas. Capítulo IX para ser más precisos. La intemperante Reina de Corazones acaba de interrumpir las moralejas con que la Duquesa del mentón puntiagudo abruma a la pobre Alicia, y le ha dado orden al Grifo de que conduzca a Alicia al encuentro de Símil Tortuga. El Grifo, a pesar de su venerable prosapia imaginaria, se ha convertido aquí en simple mandadero, en gestor, acaso en mercachifle. Está claro que para él todo eso no es sino un trámite de rutina; se lo ve muy poco interesado y hasta harto del entorno por momentos. El Grifo no se la cree. Pero cumple, hace lo que le corresponde hacer y lleva a Alicia hacia donde le ordenaron que la llevara. Símil Tortuga está sentada sola en una saliente de roca, tan triste la pobre, tan sola. Llora y casi, casi, hace llorar a la propia Alicia, quien se vuelve hacia el Grifo acongojada y le pregunta: "¿Por qué sufre?" El Grifo la desengaña de inmediato –al menos no miente–; le dice que Símil Tortuga no sufre en realidad, que todo es un juego, que ahí nadie sufre y nadie hace lo que dice estar haciendo.

De esta Símil Tortuga, personaje patético y algo ridículo en el fondo, no llegamos a saber demasiado a la larga porque, como tantos otros habitantes del país subterráneo, entra y sale del relato abruptamente, dejando más confusión que certezas. Pero sabemos, sí, que está triste y que llora su destino. Sabemos también que comienza su relato, jamás concluido, con la evocación de una Edad de Oro en la que había sido tortuga de verdad, tortuga verdadera y no tortuga de mentira.

La *mock turtle soup* o "símil sopa de tortuga" es para los ingleses un pequeño fraude culinario al que están muy acostumbrados y del que –aseguran– nadie se da cuenta. Un simple cambio de ingredientes. La sopa de tortuga se hace con tortuga de mar auténtica, que es insumo raro y costoso, eso explica que muchos cocineros hagan un pase mágico y echen a hervir una cabeza de ternero en lugar de una tortuga. El resultado es casi idéntico.

La Símil Tortuga de Alicia, sin embargo, se da perfecta cuenta de la transformación, y no le gusta. Recuerda con añoranza sus tiempos de tortuga auténtica junto al mar, cuando se internaba audaz en las olas, bailaba con gracia y arrojaba locamente las langostas por el aire. La oda a la espléndida sopa, verde y espesa sobre el mantel de la cena, suena a lamento, por lo sustancioso que se ha perdido: "Yo lo cambiaría todo por un po/, por un poquititito de espléndida so", suspiran todos a coro. La Símil Tortuga de *Alicia*, pobre –y a esta altura del cuento uno ya comprende el por qué de su irremisible tristeza–, no sabe bien quién es, si tortuga –que sigue siéndolo en el alma–, o ternero, como pregona su cabeza. Lo que queda en la más oscura tiniebla es el por qué de su transformación, el tránsito de lo genuino al fraude.

Buscaba yo cavarme una grieta por donde entrar a este tema tan peliagudo, el de ser un escritor –y escritor para niños, colmo de colmos– en este final de milenio, cuando se me presentó Símil Tortuga en persona, triste y ridícula, con su pequeño doméstico fraude.

Si hay un riesgo cierto en este final de milenio en la escritura –y en especial, por razones que ya diré, en la escritura para niños– es el riesgo de la similitud, la clonación desesperada. Que es efecto de la proliferación, naturalmente. Porque en los tiempos que corren el mandato es producir. Producir para vender. Hacer y vender. Consumir y obligar a consumir. Nada es suficiente para alimentar la rueda. Los libros, por ejemplo, deben salir en ristras. Ser muchos. La consigna es multiplicar. Sólo que no hay cabida en las estanterías para tanta profusión, para tanta novedad. Algo hay que achicar para hacer sitio. Y lo que se achica entonces es el tiempo. Los feroces, drásticos, acuciantes tiempos del mercado. Si al cabo del año lo editado no cumplió con las expectativas, deberá ser incendiado en la hoguera de lo no redituable; nadie quiere depósitos llenos. O se achica el fondo, la profundidad del campo, caen trozos del catálogo como ramas muertas. Porque lo que manda es la novedad, siempre jóvenes. El "rin y raje" lo llamábamos en mi barrio. Pegar fuerte y cambiar. Cambiar por un buen *best-seller*, por ejemplo, con el que dejar anonadados a los competidores, o por colecciones de 97 títulos menores por año, para ocupar el sitio... y dejar anonadados a los competidores. Producir lo que sea, la cuestión es alimentar la rueda.

La de los libros para niños es especialmente veloz en estos tiempos. En parte porque algunos adultos parecen seguir opinando que el libro forma parte del proceso de educación y crianza, y en parte porque la escuela funciona como cliente privilegiado, con lo que el circuito queda garantizado de antemano.

En esa rueda estamos todos, girando y girando, mucho me temo que algo mareados.

Tal vez sea hora de hacer un alto. Bajarse a pensar. Tantear el terreno. Buscar el rumbo. Por ejemplo: ¿adónde va la rueda?, ¿qué surcos traza?, ¿qué motor la impulsa?, ¿dónde está el centro?, ¿dónde, los ejes?, ¿por qué nos convence de este modo?, ¿de dónde brota su poder irresistible?

Lo primero que se percibe es el vértigo, eso ante todo. Un loco girar que da a entender que se producen, minuto a minuto, grandes cambios. Se habla mucho de "novedad" en la rueda –el gran mito contemporáneo–, de multiplicidad y de variedad. Como si hubiese mucho para elegir, más y más para elegir a cada instante. Góndolas llenas, muchos colores, envases diferentes, la gran fiesta del consumo. El mito de la novedad, el mito de la profusión y la falsa variedad –piensan los conocedores de los vericuetos sentimentales del mercado– incitan al consumo: siempre habrá algo que uno todavía no tenga, algo deseable entonces. Es importante estimular el deseo –predican–, porque el deseo estimula el consumo, y en este final de milenio se trata justamente de eso: de consumir, y de forzar a consumir, como vimos. Los que no puedan treparse a la rueda –los demasiado pobres, que a veces son pueblos enteros– deberán hacerse a un lado, o la rueda les pasará por encima. Están condenados a desaparecer, a caerse fuera del planeta, el mercado no tiene interés en ellos. Y los demás, los que aún consumen, que se agarren fuerte, porque la rueda va y va, no espera, y nos arrastra con ella.

Es al apartar los ojos del vértigo de la rueda y fijarlos en el recorrido cuando se nota que la novedad no es tanta y que la variedad es, por lo menos, falsa. Que los carriles son estrechos, previsibles y previstos.

Me quedo en los libros porque es asunto que nos interesa a los escritores. ¿Cuántos títulos al año se editan en el mundo? ¿Cuántos de libros para niños? ¿Mil, diez mil, cien mil? Más, seguramente, porque en nuestro país se editaron 746 libros para niños en 1996, 557 son literatura infantil (294 de autor argentino, 263 de autor extranjero). ¡557 libros de literatura infantil! Tres novedades cada dos días. Pocos se recordarán el año entrante. Muchos de esos títulos son sólo una posición en el mercado, un puesto en el tablero, un producto ancilar que puede ser remplazado fácilmente por otro equivalente. Una novela para jóvenes de 64 páginas u otra novela para jóvenes de 64 páginas. Una colección de leyendas u otra colección de leyendas. Un libro de terror u otro libro de terror. La cuestión es producir. Multiplicar el número aparente. Seguramente hay títulos mejores que otros, y títulos excelentes, pero es difícil diferenciar porque el mercado les da un tratamiento equivalente, de peones, meras posiciones en el tablero.

Porque el mercado no es blando sino duro. Por debajo de la profusión y de la variedad aparente, corren las reglas verdaderas de la rueda del consumo, que no son muchas sino pocas, y muy severas. Las tripas del mercado son de hierro. La rueda parece girar hacia fuera, generosa, ensanchándose, pero nos engaña, es una ilusión óptica derivada de la gran velocidad que lleva. En realidad gira hacia dentro, hacia su propio centro. Se concentra irremediable, vertiginosamente. Los ejemplos sobran, por supuesto. Podríamos hablar de galletitas. O de telefonía. O de líneas aéreas. Sólo que aquí hablamos de libros porque los libros son nuestro asunto. En los últimos diez años se han visto algunos cambios. Grandes editoriales que se unieron en global matrimonio, y editoriales locales que languidecieron, expiraron o cambiaron de manos, yendo a parar –casualmente– siempre a las mismas. Muy pronto veremos el espectáculo de editoriales que se dirán distintas, que hasta competirán llegado el caso, y que, sin embargo, cuando llegue el momento, responderán a los mismos dueños. Y el de editoriales pequeñas devoradas como un caramelito menor por sus mayores.

Es importante entender esto para notar que, por debajo de la aparente multiplicidad, hay unificación; por debajo de la aparente elección, rigor; por debajo de la variedad, homogeneización progresiva. Clonación, en cierto modo. Clonación obligada, porque la creación tiene sus tiempos. Es imposible hacer brotar ideas originales como sapos de debajo de las piedras, y el mandato es que los sapos deben ser muchos pero muchos, muchísimos. Para eso hay que producir ¡y guay del que no produzca!

Listo el escenario.

Ahora, que entre el protagonista. El escritor, por ejemplo. Pongamos que uno es un escritor. Un escritor convencido, de los que se entusiasman haciendo figuras de baile con grifos y con atunes, de los que se atreven a meterse en el mar y cruzar el canal a nado, de los que arrojan por el aire sus langostitas y las barajan luego con algún estilo. Tortuga verdadera, digamos. Porque de los falsos escritores, de los que sólo simulan escribir y se sienten como peces en el agua dentro de la rueda, no vale la pena que hablemos. Un auténtico escritor, digo. Uno tiene sus fantasías, su oficio, sus lecturas. Sus broncas, sus lealtades. Uno pertenece al campo cultural, que tampoco es blando, que también tiene sus rigores. Otros rigores. Uno tiene entabladas, desde hace tiempo, relaciones secretas con otros escritores vivos y muertos, con ideas, con corrientes, con proyectos todos pertenecientes a un territorio diferente, que no es el del mercado. Pero llega el mandato de producir, muy acuciante, y la angustia se desencadena.

De manera que ya tenemos el escenario, el protagonista y el conflicto: comienza el drama. ¿Cómo se escribe para responder al mandato? ¿Quién es el escritor hoy, qué rol le cabe en la rueda vertiginosa? ¿Cuál es su cuota y cuál la cuota del mercado? ¿Podrá seguir tirando langostas por el aire, o deberá adaptarse a pasos de baile rutinarios, mucho menos ingeniosos?

No es una cuestión simple, de esas que se quita uno de encima como una pelusa de la solapa. El escritor necesita ser leído, necesita que su texto se convierta en libro. Ha luchado largamente por su profesionalización, además, y quiere vivir de su trabajo. Para vivir de su trabajo debe entrar en tratos con el mercado, no tiene otra alternativa, entrar a formar parte de la rueda. Pero a medida que la rueda gira más y más locamente, se vuelve más rígida, más severa, más exigente, ya vimos. Un libro podrá seguir siendo un bien cultural de algún modo, pero hoy es, sobre todo, bien de mercado. Y como tal se lo produce. En serie, con capataces que vigilan la cinta de producción, *editings* que liman sus puntas extrañas y lo meten en caja. Los títulos, los finales, la extensión, el tema, el estilo, todo debe ajustarse a la demanda del mercado, o a lo que los amoldadores consideran, con una puerilidad sorprendente a veces, demanda del mercado. El jefe de ventas asegura que, para entrar a las góndolas de los supermercados, los libros no deberían tener más de treinta y dos páginas. Escribamos cortito, entonces. El jefe de ventas asegura que un libro de terror es mucho más fácil de vender que uno de aventuras. Hagamos acopio de cadáveres y telarañas. ¿Qué esperamos? ¿Dice que vende mejor la risa? Entonces borremos de un plumazo la tristeza. Todos queremos ser editados, es natural.

Aceptamos las reglas con mucha mansedumbre. Tal vez porque se nos han perdido un poco las nuestras. El género, por ejemplo, esa vieja conquista literaria, se nos ha desdibujado. Es más, poco a poco se desdibuja la idea de ficción, esa que tan empecinadamente defendía Borges, su única y definitiva bandera. Vemos cómo todo se vuelve moderadamente autobiográfico, o *reality show*, espectáculo fragmentario, inconsecuente, confuso. Ni realidad ni fantasía, a mitad de camino: el diván-cama. Nadie tiene tiempo para sentarse a construir con cuidado una trama. Ni para meterse en problemas. La facilidad y la fluidez son lo que manda. No hay tiempo para tejidos exquisitos. Es de suponer que ni siquiera hay tiempo para tejer, ya que empiezan a abundar las hilachas. O los falsos tejidos, los simulacros. Las malas copias. Y un día la Tortuga, buena tortuga en el fondo, convencida de su destino de bailar insensatamente en la orilla del mar, corriendo sus riesgos, se mira en el espejo y nota que se convirtió en híbrido, con mansa cabeza de ternero. Aunque su corazón de tortuga de tanto en tanto le dé algún vuelco, y se acongoje llorando sobre las viejas fantasías que le arrancaron de cuajo. Y recuerde aún las reglas de aquella cuadrilla que bailaba a su manera y dentro de su territorio.

Podríamos cambiar de protagonista (el ejercicio es saludable, bueno). Uno es un editor, por ejemplo. Me refiero a un editor y no a un fabricante de libros. Un editor con proyecto, en cierto modo un loco de los libros. El editor también sabe sus pasos, tiene sus langostitas. Pero cae el mandato de producir, como un rayo desde cielo, y la competencia se vuelve tan feroz que es fácil que pierda el paso. Se afana, manotea, pierde gracia, saca la lengua fuera. En el peor de los casos se entrega. Sin embargo, él tenía sus ideas, sus proyectos, pertenecía al campo cultural; a ese campo cultural supeditaba los movimientos del mercadeo; editaba lo que creía que había que editar; sostenía los buenos libros aunque no fuesen masivos; acariciaba su fondo como el sueño de su vida; los libros para él no eran igual que pernos o que chorizos. También el editor –si es editor, ya dije– tiene su drama.

O, si no, uno es un maestro. O un periodista. O un bibliotecario. O un crítico. O un universitario. El campo de la cultura es complejo, pero todos ahí adentro en última instancia, en la gran licuadora, aceptando el vértigo y la trituración obligada.

¿Qué hacemos en estas circunstancias? ¿Qué hace un escritor, por ejemplo? ¿Habrá llegado la hora de desobedecer o alcanzará con llorar nuestro destino sentados en un peñasco? ¿Seremos capaces de salir a defender la ficción, por ejemplo?

¿O de volver a perder el tiempo a carradas, como hacíamos en otros tiempos, en lugar de venderlo en pedacitos? Resistencia. Resistirse a que le limen a uno las puntas. A volverse romo, bovino, inofensivo. Defensa del propio territorio. Escribir mejor, con costo personal, a fondo. Dar sorpresas a los que esperan más de lo mismo. Leer, por ejemplo. Eso sobre todo, leer mucho y bueno. Leer a los venerables muertos de la literatura, volverlos a la vida. Negarse a ir por los carriles, a transitar sólo por dónde indican los anunciantes de los suplementos culturales, los promotores y los libreros expertos sólo en novedades. Negarse a recorrer los caminos cada vez más trillados, más famélicos, repetitivos del mercado. Poner en circulación otras ideas; ideas provenientes de otros libros que nosotros, como escritores que somos, conocemos. Romper los estrechos entubamientos por los que corre la cultura. Defender la diversidad, la gran biblioteca del mundo, a los escritores malditos, los divergentes que hay y que siempre ha habido.

Y aliarnos inconvenientemente. Desalinearnos. Cruzar de carril. Saltar las vallas. Hacernos amigos imprevisibles. Y formar otros centros que no sean justamente los de la rueda. Aglutinarnos por razones culturales, por afinidad de lecturas, por admiración profesional, y no por paquetes publicitarios y por mansa obediencia a los patrones del mercado.

No queda sino eso, creo, la resistencia. Otra causa. En un tiempo los escritores que escribíamos para los chicos corríamos el riesgo de caer en manos de la pedagogía. Los cuentos se convertían fácilmente en lecciones, más o menos ingeniosas pero en general aburridas, previsibles, como las moralejas que la Duquesa del mentón puntiagudo le endilgaba a la pobre Alicia. En los tiempos de Carroll era eso lo que se esperaba de un escritor, buena pedagogía. Carroll podría haber respondido a la demanda, y lo hizo en cierto modo en una novela algo triste, *Silvia y Bruno*. Pero en *Alicia*, en la espléndida y feroz *Alicia*, hizo otro tipo de apuesta. Con la audacia de una tortuga lanzando su langosta por el aire, colocó su ficha rara, absurda, inclasificable, en el tablero.

Hoy sólo el que ande por el mundo con los ojos cerrados opinaría que el peligro que acecha al escritor que se aviene a escribir para los niños es la pedagogización de su escritura. Al menos no es el peligro más grave. Soplan aires posmodernos y no están de moda las lecciones. No hay nada en lo que creamos lo suficiente como para convertirlo en lección sabida. Al parecer creemos sólo en lo efímero, lo fragmentario, lo leve. Y también en el mercado. Casi se puede decir que es lo único en lo que creemos con fervor. Sabemos que hay que comprar y vender, todo el tiempo. Señal de que están por atraparnos o de que ya nos han atrapado.

Sin embargo, no todo está perdido, me digo –pero sólo en los momentos de optimismo–, si podemos pensarnos, pensar en lo que nos pasa. La partida de naipes no ha concluido, y nosotros, los escritores, tenemos nuestros triunfos. Nuestras destrezas. Un saber, alguna sabiduría. Tenemos nuestros lectores, sobre todo. Escritores y lectores –es mi apuesta y mi esperanza– seguimos siendo capaces de fundar territorios donde las reglas no son comprar y vender sino otras: tirar langostas al aire, por ejemplo, y barajarlas con buen estilo.

(Córdoba, 1997)

~

La lectura clausurada

En un cuento, un buen cuento, que se llama "La máquina se detiene" ("The machine stops"), E. M. Forster construye un conjetural mundo futuro sobre la clave del aislamiento. Una civilización de tecnología muy sofisticada se ha refugiado en las entrañas de la tierra y organizado una vida perfectamente previsible y protegida, gracias al aceitado mecanismo de una máquina eficientísima y todopoderosa. Cada individuo vive en una especie de celda donde todas sus necesidades están satisfechas. Salvo los ocasionales encuentros para procrear y el inevitable pero muy reducido contacto entre madre e hijo en los primeros tiempos, los intercambios, que resultan cada vez más innecesarios, se reducen a teleimágenes y telemensajes que se entrecruzan las personas interesadas por un mismo tema (Vashti, la protagonista, por ejemplo, se interesa por la música del periodo australiano). El contacto físico y las excursiones al mundo exterior han sido abolidos, nadie conserva siquiera la noción de espacio y los escasos circuitos de tránsito que todavía subsisten, están drásticamente controlados por un fantasmal Comité Central.

Ignoro por qué mecanismos de flujo y reflujo internos se me presentó con tanta fuerza el recuerdo de este cuento, que leí y releí hace ya algunos años, al pensar en responder a esta conferencia, cuyo título –que no elegí sino que me había sido dado– hablaba de "políticas y estrategias para la lectura". "Política", y mucho más "estrategia", son palabras ejecutivas, dinámicas, palabras de acción, casi castrenses. Pero resulta que, en lugar de una briosa enumeración de acciones recomendadas para derrotar a la no-lectura, a mí me brota esta imagen de mundos cerrados, de circuitos clausurados, de islas. De modo que esta conferencia tiene, a partir de este momento, dos títulos: uno oficial: "Políticas y estrategias para la lectura", y otro clandestino: "La lectura clausurada". Y el propósito, además, de comunicarles a ustedes mi sensación, primero difusa y luego más decantada, de que la lectura está hoy entrampada en circuitos clausurados. Sobrevive en islas, en celdas, pero languidece por falta de ventilación, como en el cuento de Forster. Lo que sigue es mi esfuerzo por organizar lo mejor posible este pensamiento. Cualquier "acción" –me refiero a las políticas y las estrategias– fracasaría, creo, si no se tiene en cuenta esta decisiva cuestión de los claustros y las islas.

Empecemos por la incomodidad (la incomodidad es siempre un buen comienzo, porque obliga a cambiar de posición). Es evidente que esta cuestión de la lectura nos incomoda, socialmente quiero decir. Nos confunde, nos desasosiega. Sentimos en torno a la lectura una vaga culpa, que año tras año lavamos ritualmente en nuestras ferias del libro. Durante algunos días la sociedad se golpea el pecho, se exalta, llora abrazada a los libros, discute la cuestión. Los bien cotizados centímiles de los diarios se ofrecen casi generosos a un asunto que, durante el resto del año, vive en el galponcito del fondo, pero que de pronto, durante esos pocos días rituales, se nos aparece en medio del comedor y a la hora del almuerzo, de modo que no hay más remedio que instalarlo, que invitarlo a compartir la mesa. El invitado es molesto: nos llena de reproches. Su presencia nos desencadena una súbita alergia y nos obliga, súbitamente también, a rascarnos con desenfreno.

Cumplimos con el ritual y vuelve la lectura al galponcito del fondo, aunque nos dure un tiempo más la incomodidad, que a veces se prolonga en gimoteo.

La propuesta mía de hoy es que dejemos de gimotear, nos enjuguemos los ojos y miremos con un poco más de agudeza el terreno social donde sucede (o no sucede) la lectura.

Me permito definir "lectura" como la conducta social por la cual las personas nos apropiamos de algunos discursos significantes (o sea, de parte de la cultura) de la sociedad en que vivimos. "Cultura" sería algo así como el dibujo que hace una sociedad de sí misma, o su reflexión (con su etimología de "espejo", "imagen", que viene bien), su gesto particular o –mejor– sus gestos particulares, porque a medida que la sociedad se vuelve más compleja los discursos significantes son cada vez más variados. Y –pequeña acotación que espero retomar luego– ese resumen de sí misma, esa manera de verse una sociedad, que es la cultura, resulta indispensable para cualquier acción sobre esa sociedad, naturalmente.

De manera que la pregunta por la lectura es la pregunta por la circulación de la cultura –los discursos significantes– en una sociedad. Y la cultura circula ligada a bienes materiales que, a su vez, están ligados a la producción y al consumo. Sólo puede circular así. Eso quiere decir que la pregunta por la lectura es también la pregunta por los libros, por los diarios, las revistas, los medios de difusión, la educación formal e informal, la ciencia, la música, el diseño, la literatura, el arte…

Entonces, más que preguntarnos si la gente lee o no lee, o por qué lee o no lee, sería mejor que nos preguntáramos, por ejemplo, cómo circulan los libros, los diarios, las revistas, la educación, etc., antes de otras consideraciones.

Para que un objeto circule es necesario un cierto espacio donde pueda circular, un cierto tiempo –la ocasión–, donde pueda suceder la circulación y algún agente (mediador, motor, etc.) que lo impulse en el movimiento de circulación. En el caso de los libros implicaría ámbitos propicios, tiempo disponible y mediación apropiada.

En cuanto colocamos ahí la cuestión nos damos cuenta de que esa fantasía de los claustros, las celdas y las islas, que me asaltó en forma de cuento, tal vez no sea tan fantástica como parecía en el comienzo. La lectura, que es cuestión específica y hasta privilegiada, de ciertos circuitos sociales, no está instalada, hoy, como cuestión de la sociedad en su conjunto. De ahí, a mi modo de ver, el fracaso a que se condenan muchos planteos.

Está el circuito de la lectura de escuela, por ejemplo. Tiene su espacio, sus tiempos, sus mediadores, sus mensajes. Pero ese circuito no tiene conexión alguna con el circuito de la lectura de la literatura adulta más exigente, la de los lectores "iniciados", con la crítica, las cátedras universitarias y, a veces, los suplementos literarios y otras publicaciones especializadas. Y ni el circuito de la lectura de escuela ni el de la lectura "para iniciados" tienen contacto con el circuito de la lectura mediática o de prensa (información cotidiana, programas políticos, divulgación mínima, comunicadores, locutores, *non-fiction*, etc.). Y está el circuito de los *best-sellers* (dominante en la librería al paso, las góndolas de los supermercados, los aeropuertos), está el circuito de la ciencia (separado a su vez del de la divulgación de la ciencia y del de la escolarización de la ciencia), etcétera.

Cada circuito tiene sus ámbitos, sus tiempos y sus mediadores. También tiene sus mensajes. Sus autores favoritos. Sus expertos. Sus sistemas de promoción. Sus temas recurrentes. Sus guiños internos. Sus complicidades y sus ceremonias. Y su manera de referirse con recelo a los demás circuitos, que serán acusados –según el caso– de "aburridos", "dogmáticos", "triviales", "exitistas", "elitistas", "herméticos", "comerciales", etcétera.

No quiero decir con esto que circuitos no hayan existido siempre, al menos desde que vivimos en una sociedad compleja, sólo que tengo la sensación de que ahora están especialmente clausurados. Quiero decir que el lector, un lector cualquiera, carece de canales, puentes, vías de tránsito y carriles de circulación que le permitan "pasearse" por distintos ámbitos sin necesidad de "pertenecer" estrictamente a uno u otro. Espero poder aclarar esto un poco mejor algún párrafo más adelante.

La inserción social de estos circuitos clausurados es muy variada. Gana la lectura de escuela, sin lugar a dudas, en alcance. Es el circuito que compromete al mayor número de individuos y el que mejor atraviesa los distintos grupos sociales (al menos en tanto sobreviva la educación pública). La lectura de escuela resulta trascendente, no sólo porque cimienta, por obra de la alfabetización, toda construcción futura de lectura sino, además, porque es, para muchos miembros de la sociedad, el primer y último circuito de lectura en que se les dará ocasión de insertarse (si se descuenta el omnipresente de los medios).

La lectura de escuela tiene su ámbito específico (el aula y, a veces, la biblioteca escolar); su tiempo específico: el de la educación (horarios de clases o tarea para el hogar), y sus mediadores también específicos: maestros y, ocasionalmente, bibliotecarios. También tiene sus objetos específicos, sus discursos específicos, o sea, un recorte propio de bienes culturales que son los que se considera que deben circular ahí preferentemente: en primer lugar los libros de texto y en segundo lugar, en estos últimos años, la literatura infantil. Lecciones, resúmenes, pruebas escritas, cuestionarios, trabajos en equipo, pero también, más recientemente, dramatizaciones o visitas de autores, son actos que subrayan y definen con fuerza esta especificidad. La escuela tiene sus rituales y en ellos se encierra.

En general las editoriales –que a veces tienen mucho más claro el funcionamiento social que los que damos conferencias o integramos mesas redondas– saben apoyarse en las clausuras. Hasta las fomentan, a veces, poniendo cemento en las cerraduras. Los productos son cada vez más "específicos", cada vez más "clasificados". Libros por curso, libros por área, manuales, antologías por edades, antologías por temas afines, cuentos que sólo se leen después de los siete años, cuentos para leer sin falta entre los nueve y los once, cuadernos de ejercicios, sugerencias de actividades, etc., fomentan la cohesion del circuito. Aunque la traba no está en la especificidad sino en el abismo y la falta de puentes entre un circuito y otro.

Pensemos en la información. ¿Qué vinculación guarda la información contenida en los manuales, por ejemplo, con la información que circula en los ámbitos académicos de las ciencias a las que estos manuales se refieren? Considerable en el mejor de los casos. Escasa en la mayoría. Muchas veces nula. Más bien da la sensación de que algunos manuales –no todos, los hay buenos– tienen por antecedente otros manuales, o algún otro libro del circuito de lectura escolar. Se asemejan a este otro manual, se quieren diferenciar del de más allá, pero dialogan, preferentemente, con otros bienes del mismo circuito. Muchas veces se consulta a los "especialistas" –miembros del circuito académico–, pero luego la adaptación al "género escolar" termina siendo tan fuerte que desemboca en un nuevo aborto de la conexión entre circuitos.

Otro ejemplo: la literatura infantil. La literatura infantil fue, en un comienzo –y sigue siendo en buena medida–, una ventana a otros circuitos (como si se hubiera abierto un corredor de aire entre el tiempo de escuela y el tiempo libre), pero debemos reconocer que, lenta pero inexorablemente, se va procediendo a su clausura dentro del circuito. Conscientes de que es sobre todo en la escuela donde circulan nuestros libros, los escritores podríamos terminar por escribir con la misma especificidad de un libro de texto: por ejemplo, limitándonos al universo simbólico del aula, o a la de los chicos de cierta edad (la del grado en la que se leerá el cuento), acercando "temas" de esos que a la escuela le parecen interesantes, cuidándonos de no deslizar alguna palabra demasiado cruda que nos destierre del ámbito que nos dio acogida. Las visitas de los autores a las escuelas –que comenzaron siendo puentes, fisuras– corren el riesgo de convertirse en rituales pautados, con preguntas previsibles, orquestación apropiada y hasta la visita de algún supervisor (para matar dos pájaros de un tiro), sin contar con que la decisión de muchos mediadores de "leer sólo autores que puedan luego ir a visitar la escuela" terminan dejando fuera del circuito, y por razones obvias, a gente como Horacio Quiroga, por ejemplo.

¿Cómo hace un lector para transitar de un circuito a otro? La pregunta que me hago es acerca de las posibilidades reales que tienen los miembros de nuestra sociedad de transitar libremente por nuestra cultura. Los circuitos encierran pero también protegen, amparan cuando controlan. Me he ido enterando de que maestros y bibliotecarios, y aun maestros y bibliotecarios muy activos y entusiastas de la lectura, suelen leer *sólo* literatura infantil, a pesar de que son adultos y deberían sentirse apelados también por otras formas de literatura. ¿Cómo podría transitar un individuo de trece años, pongamos por caso, el camino de la literatura amparada de su primera cultura a la literatura general del mundo si los mediadores no pueden darle alguna señal, anticiparle algo del viaje? ¿Quién le acercará nuevos desafíos o recordará viejas lecturas, o mencionará autores? ¿Quién lo impulsará, en fin, hacia adelante? ¿Cómo pasará de una ruta a la otra si no hay rotondas ni cruces, ni siquiera caminos vecinales?

Es ahí cuando llega el clamor por la consolidación de alguna otra especificidad, alguna nueva celda –por ejemplo, una literatura especial para leer entre los 12 y los 15 años– que proteja del vacío. Los mediadores podrían empaparse de ella, recomendarla luego, impulsar la circulación por ella. La situación recuerda un poco la de los juguetes didácticos que en cierto momento de entusiasmo pedagógico remplazaron las tapas de las cacerolas y los jarros y las cucharas porque resultaban más específicos y protegidos. Siempre desconfié un poco de ellos, tuve la sensación de que, tarde o temprano, uno iba a tener que vérselas con las cacerolas y con las cucharas, y hasta con los tenedores y los cuchillos, que son menos inofensivos.

¿Qué puentes naturales ofrece la sociedad a sus miembros para que puedan convertirse en "dueños" o al menos "usuarios desenvueltos" de su cultura? Pocos, aunque parezcan muchos, porque lo curioso es que toda esta clausura se da en medio de la profusión, un simulacro de libertad, elección y abundancia, cuando lo cierto es que todo está clasificado, vigilado, controlado.

Desde su diseño, desde la tapa, desde el *stand* en el que están expuestos, desde la publicidad que los impulsa al mercado, los libros *pertenecen* a uno u otro circuito.

No siempre fue del todo así.

Me permito una evocación familiar, de la familia de mi madre, mejor dicho, que vivía en Barracas. Pongamos años veinte, treinta. Los padres, hijos de inmigrantes, apenas alfabetizados. Los abuelos, analfabetos. Los hijos, ya bien arraigados en el país, muy ávidos, muy interesados por la cultura. El barrio es un ámbito que los ampara y los mezcla a todos. Está el café, la escuela, la feria, el club, y también la biblioteca.

Casi todas las tardes van a la biblioteca. Buscan libros, a veces conferencias, fiestas, hasta noviazgos. A la mañana una chica se compra unos metros de percal en la feria y se hace de apuro un vestido para lucirlo en la biblioteca. En la biblioteca hay de todo: el *Juan Cristóbal* de Romain Rolland, pero también *Papá Goriot* de Balzac, Gorki, Dostoievski y el *Martín Fierro*... Libros de higiene sexual, sobre enfermedades venéreas, tratados de electricidad casera, pero también Nietzsche, Marx, Schopenhauer... Y los conferencistas que vienen cada tanto hablan de los progresos del cine, de las enfermedades frenopáticas, del cooperativismo o de la teoría de la relatividad.

Los asistentes a esas bibliotecas no se convertían en especialistas ni en personas especialmente cultas, pero eran, sí, "lectores", paseantes de la cultura. Podían hurgar, buscar, curiosear, asomarse a los ámbitos. Esa sociedad, aunque apenas entreabierta para ese grupo social, lo permitía. Se pasaba con alguna naturalidad de un circuito a otro, al menos como visitante; se podía husmear en la cultura. Y era la fluidez –que no estaba rigurosamente vigilada– la que auspiciaba la formación de los lectores. El hecho de que en los anaqueles hubiera de todo, lo que redundaba a su vez en otro beneficio: uno estaba siempre en contacto con otros lectores más avezados que recomendaban lecturas. El hecho de que hubiera siempre "ocasiones", ámbitos propicios, tiempo vacante... En fin, que la situación era propicia. Leer –que implicaba apropiarse de la cultura y ocupar espacios que los padres no habían ocupado– no era en esos tiempos sino un aspecto más de la transformación vigorosa de las reglas sociales.

Hoy parece privilegiarse la celda, la casilla. La protección vale más que el arrojo, la seguridad es un bien más alto que la aventura. Hurgar se considera peligroso. La información general está depositada en los medios, no se adquiere por

hurgueteo. No parece haber sitio para paseantes. La máquina
todo lo controla. ¿Habrá sitio para la lectura considerando
que los lectores son gente curiosa, molesta, metereta; gente
que hurga, abre puertas, cruza umbrales, salta verjas? Poca
gente más incómoda, siempre disconforme, inquieta. ¿Habrá
sitio para ellos?

El cuento de Forster —algo romántico en el fondo— termina con la catástrofe de la máquina que, al fin de cuentas,
se detiene, y el rescate, nunca explicitado, de algunos audaces
que habían tomado la decisión de vivir sin protección en la
superficie del planeta. Vashti, la protagonista, quiere morir
en su celda, abrazada al manual de instrucciones de la máquina que, por fin, se ha detenido; Kuno, su hijo, la convence
de que vale la pena salir a la superficie, aunque no sea más
que por conocer la Luna un instante antes de morir, por lle-
narse el cuerpo de aire desconocido y descubrir los olores
inesperados.

(Buenos Aires, 1993)

~

ÍNDICE

Este libro se terminó de imprimir y encuadernar en el mes de diciembre de 2001 en Impresora y Encuadernadora Progreso, S. A. de C. V. (IEPSA), Calz. de San Lorenzo, 244; 09830 México, D. F. Se tiraron 5 000 ejemplares.